JN057915

思い出は横浜駅西口から

KOJIMA
Hiroko

小島ひろ子

文芸社

もくじ

本文イラスト　小島ひろ子

I

父と母

パーンッ！　パーンッ！

「あっ！　帰ってきた！」

あわてて窓に駆け寄り、外をのぞき込むと、街灯の小さな明かりの中に、酔っぱらった父の、右に左に揺れ動く姿が見えた。

手を叩き、「今、帰ったぞ！」という合図だった。

大急ぎでちゃぶ台の上やその周りの物を片づけ、素知らぬふりで父の帰りを待つのがいつものことだった。

ちょっとしたことで父の機嫌を損ねると、そこいらじゅうの物が次から次へと外に放り出されてしまうのだ。教科書、ノート、筆箱、本、おもちゃ、どんな大切な物も、父にとってはたちまち目障りな物になる。

横浜駅西口から徒歩八分ほどの、「沢渡」という町の一番はずれにある四階建ての公務員宿舎。その東側の四階の一室が私の家だ。六畳間がふたつ、四畳の板の間、台所と洗い場があり、トイレは、当時にしては珍しく水洗だった。

家からは浅間下方面、横浜駅西口から平沼方面一帯まで小さな家々や工場などがずうっと見渡せた。

裁判官、検察官、海上保安庁、警察関係、繊維工業試験所など、もろもろの国家公務員のお偉いさん達が転勤してきた際に、取り敢えず住んでもらうために建てられた鉄筋コンクリートの宿舎だった。

近代的ではあったものの空きもあり、父に「住んでみないか?」と打診があった。新しもの好きの父は二つ返事ですぐに横須賀から引っ越してきた。

当時長女の陽子五歳、次女のひろ子（私）三歳、三女の千恵子はまだ一歳にならない。

昭和二十六年の春だった。

父は横浜地方検察庁の横須賀支部まで通っていた。毎朝家を出てから、角を曲がるまで手を振り、さらにその先の橋の上でも私達に手を振った。私達も手を振り続けた。

その後父は、横浜支部、小田原支部、川崎支部、そして最後に再び横浜支部へと仕事場が変わり、私が二十一歳の時に横浜から横須賀へ引っ越してからも、毎朝、姿が見えなくなるまで手を振り続けた。それは私達の習慣となっていた。

父は子煩悩で、私達や近所の男の子達の面倒もよく見てくれた。短気で怒りっぽいことを除けばすごく楽しい父なのに、何で急に怒りだすのか？　それはいつも突然だった。

酔っていない時の父は、もっと怖かった。黙って帰宅した時に家の中が散らかっていると、四階の窓からハラハラと物が落ち続けた。荷物は多くても家の中が片付いてさえいれば機嫌が良かった。私達はいつも泣きながら階段を駆け下り、捨てられたものを探しながら拾った。

ご飯の載ったちゃぶ台もひっくり返された。何回も繰り返されるうち、その気配を感じ取った母の「お茶碗!!」という声で私達はご飯やみそ汁を手に取ったが、いつも間に合わなかった。

父が毎晩のように飲み歩くので、我が家は常に火の車。お山の大将的な父は自分の奢りだ……と気前よくお金を使ってしまう。

ある日、きれいな女の人と一緒に帰宅したのでビックリしていると、後ろに得体の知れない男がついている。父の飲み代を家まで取りに来た飲み屋の女性とその用心棒、いわゆる「付け馬」だった。

母がタンスの引き出しからお金を取り出すのを見て「あ～ぁ！」と、情けなかった。母は少しでも家計の足しにするため、近所の人達と内職もしていた。それも父には気にいらなかった。

父は母のことが大好きで、お酒を飲むたびに母に向かって「好きだ」という言葉を何回も口にする。そして母と初めて出会った時のお見合いの話を持ち出すのだった。

「気に入ったら扇子を座布団の下に入れておいてください」

そう言われた父は、母を見る前に扇子を座布団の下に入れておいた、というのだ。どんな「へちゃむくれ」であろうと結婚するつもりで臨んだのだ……と。

しかしまだ結婚などしたくなかった母は、そうしなかったらしい。それでも下に年頃の妹が控えているので、何としても結婚するよう説得され、しぶしぶ承知したのだった。母は兄二人、妹三人、弟一人の七人きょうだいの長女だった。

母は頭が良く、料理もうまい。和裁、洋裁、編み物など何でも器用にこなした。運動神経も良く、私の苦手な倒立も、壁に向かってヒョイとやってしまうのだった。

記憶力も良く、テレビのクイズ番組は得意だった。私達が「すごい！　すごい！」と言うたび父は機嫌が悪くなり、チャンネルを替えてしまった。

本当に子供みたいだった。


父は写真を撮るのが好きで、どこへ行くにもカメラを持って行った。

妹の千恵子がまだ小さい頃は、父は姉と私を連れてメリケン波止場、裁判所、山下公園、三渓園、野毛山動物園、猿島など様々な場所で写真を撮った。私達はいつも母お手製のお揃いの服を着ていた。

そして母と千恵子はいつも留守番だった。

本牧にある三渓園の先は海で、子供の頃は毎年ここで潮干狩りをした。今は埋め立てられ、工場地帯になっているが、いまでも高速道路からは当時の崖がそのまま見える。

　その頃、三渓園の三重塔には囲いがなく、一番下の木製の台には上がることができた。千恵子が四歳の頃そこに座り、そのままお尻をずらしたところ、両足の腿《もも》の後ろにザザーッと百本以上の木のトゲが刺さり、医者に駆け込んで取ってもらったこともあった。いつの頃からか囲いができて、三重塔は外から眺めるだけになった。


　当時、父の休みは日曜日だけで、土曜日は「半ドン」だった。日曜は家族と過ごすため、仲間達には「日曜は家に来ないように」と父は言っていた。

　千恵子が少し大きくなると、日曜日には母がおむすびを握り、魚肉ソーセージと漬物、お菓子を持って出かけるようになった。

　お金を使わずに楽しむのは最高！　と父はよく言っていたが、本当にお金がなかったのだと思う。

三ツ沢公園は家から歩いて三、四十分くらいで、芝生に覆われた広々とした広場がお気に入りだった（この広場は数年後、高速道路を通すためになくなった）。近くの池でザリガニを捕まえたり、乗馬する人を羨ましく眺めたりした。慰霊塔もあった。そんなところで食べるおむすびは本当に美味しかった。

五月三日の開港祭、仮装行列にも毎年行った。

家から桜木町を経て、山下公園あたりまで二時間以上はかかっただろう。何しろ父は歩くのが好きで足が速い。追いついて行くのに必死で、小さな子供はすぐ疲れた。母は文句も言わず父に従っていた。私達の足も自然と鍛えられた。

ある時、横須賀の従姉妹達と一緒に野毛山公園に行ったことがある。こちらは三姉妹、向こうは四姉妹。女ばかり七人を連れて歩き父は得意げだった。池のほとりでいつものようにおむすびを食べワイワイガヤガヤ過ごした。

「は～いっ！　おむすびがひとつ残ってま～す。食べる人？」

と、父がおむすびを持った手を高く掲げた。

するところ離れたところにいた男の人が、

「は〜いっ！」

と手を挙げた。みんな驚いてその人の方を振り向いたが、父は大喜びでおむすびを渡しに行った。みんなで笑った。

また、ある夏の一日、伊勢佐木町の野澤屋にも行った。全員それぞれの母親手作りのワンピース姿だったが、どれもが水色で、エスカレーターに一列に並んだ時は、見た人誰もが「へ〜っ!!」という驚いた顔をしていた。


父は、自分が読みもしないのに私達のためだと、少年少女文学全集を二種類、日本の歴史、世界の歴史、日本文学全集、世界文学全集、織田信長、宮本武蔵……など様々な本を取り揃え、百科事典も新しいのが出るとまた全巻取り寄せた。

私は『小公女』、『小公子』、『秘密の花園』などいろいろな本を読んだ。高校生になって『罪と罰』、『赤と黒』なども読んだが、内容は全く覚えていない。山岡荘八の『徳川家康』全二十六巻を読み終えた時はひと仕事終えた気分だった。

結婚してから読んだ吉川英治の『平家物語』では、熊谷次郎直実と平敦盛の戦いの場面で涙を流し、『三国志』の関羽が敵に囲まれ討たれる場面では、胸を締め付けられ嗚咽を漏らしながら読んだ。

その後も『項羽と劉邦』、黒岩重吾が書いた『日と影の王子（聖徳太子）』『紅蓮の女王（推古天皇）』、天智天皇と天武天皇の壬申の乱や皇子達を描いた『天の川の太陽』『天翔ける白日』などたくさんの歴史小説を読んだが、いつの間にか処分してしまった。

今は気軽に読めるエッセイ集や、笑えて泣ける単行本などを友人から借りたりして読むばかりになっている。

父は本を買っては並べ、眺めて満足していた。

「読むよりも買って眺める書棚かな」

こんな句を作って父を皮肉ったりした。

友達が家に来ると本の多さにビックリして羨ましいと言っていたが、読んだのはほんのわずかだった。

我が家の家計は苦しかったが、父のおかげで随分と楽しい思いもした。

昭和三十一年、横浜駅西口に名品街ができ、翌年には相鉄文化会館ができた。名品街の中には映画館が二つもあった。ある日家族で娯楽映画を観に行ったが、母は別の映画館の『オセロ』というイギリスの映画を観るつもりだったらしい。私は母が一人で映画館に入るのが心配で、反対されても聞かず、訳の分からない『オセロ』を我慢しながら一緒に観た。ハンカチと船の場面だけがいやに記憶に残っている。

名品街には様々なお店がずらっと並び、多くの人で賑わった。父は仕事帰りにおもちゃ屋で珍しいおもちゃをよく買ってきてくれて家族みんなで遊んだ。

文化会館の屋上には遊園地があり、宙返りロケットやオクトパスなど、行くたびに乗っては楽しんだ。

その後、相鉄線横浜駅のホーム近くに喫茶室ができて、たまに日曜の夕飯が終わると、家族でパフェを食べに行った。

食事は高いけれどパフェだけなら、と私達を喜ばせてくれた。私はバナナパフェがお気に入りだった。
一度、名品街の中のレストランでドライカレーを食べた時は、母がすぐ自分流に工夫して、我が家の特別メニューになった。今思うとそれはカレーピラフだった気がする。
殺風景だった西口の広場にローラースケートリンクができたこともあった。街頭テレビが設置された時は、黒山の人だかりで何が放映されているのかさえ分からなかった。とにかくいつも人でごった返していた。

名品街では、よく曲が流れていた。

ハマの都で見せたいものは
メリケン波止場と名品街よ
みんなお客は買物上手
今日も来る来る人の波

いらっしゃいませ
くるくるシャンシャン
ハマハマハマッ子
くるくるシャンシャン
（耳で覚えただけだが、こんな歌詞だったと思う）

その後髙島屋デパートができて、西口はさらに賑やかになった。ダッコちゃんブームの時には髙島屋で買う人の列が、いつも父が手を振る橋の近くまで続いたのが家から見えた。

名品街は姿を消し、曲も流れなくなったが、レコードはどこかに残っているのだろうか。

（追記　その後、正しい歌詞を調べてみたところ、これは石本美由起作詞、船村徹作曲、霧島昇・酒井千恵子歌の「横浜駅名品街音頭」という曲だった。「浜の都」と覚えていたが、正しくは「浜の港」であった）

当時、街には市電が縦横に走り、どこへ行くにも便利で、よく利用した。開港祭には、「花電車」と言って、電車に花や電飾を飾り、夜は明かりをつけた市電が通るのを飽きずに眺めた。その市電も車の増加につれ姿を消していった。トロリーバスが走った時はよく架線が外れ、運転手が苦労していた。

夏のお祭りは青木橋近くの「洲崎大神」という神社に行った。そこには「百貫神輿」という壮麗な神輿があり、祭りの最終日には美しく化粧を施した牛が、台町の坂を浅間神社までゆっくりとその神輿を引いていった。人の力では担ぐことができないほど重いらしい。今もあるのだろうか。

（追記　神社に確認のため問い合わせてみると、今も神社内に神輿はあり、毎年六月の第二日曜日に西区の浅間下まで巡行しているのだという。浅間下までがお守りする区域になっており、現在は牛ではなく、車のようなものに載せていくようだ。子供の頃から「百貫神輿」と言っていたが、実際は四五〇貫もあると聞き、機会があったら見に行ってみたいと思っている）

お正月にはこの坂を、法被を着た粋な男の人達が「木遣り」を唄いながら練り歩き、所々で、はしご乗りも披露してくれた。獅子舞もお祝儀をもらうため各家を廻っていた。

私が住んでいた当時、我が家は「沢渡」という地名に属していたが、昭和四十九年二月六日の区画整理で、この地だけ「台町」に吸収された。宿舎の跡地には新しいマンションが建ち、繊維工業試験所は公園になった。防災センターができ、風景は一変したが、今でも懐かしい。

我が家には父を訪ねてよく人がやって来た。

何かの相談事なのか、父が「来い、来い」と呼んだのか、折に触れてやって来た。私達も父の友人達とはすぐ仲良くなり、この人は優しい、この人はちょっとね、と品定めもしていた。

友人が来ると母は「出前を頼んで来て」と、私や姉が近くの寿司屋へ注文に行かされた。

友人の中には、いつも一つか二つしか口にせず、

「お腹がいっぱいなので、あとはお子さんに……」

と、残してくれる人がいた。その人が帰るとみんなで食べたりした。

父がたまにお寿司の折り詰めを持って帰って来た時も嬉しかった。その頃はお寿司なんかめったに口にできなかった。


父は友人を呼んで我が家でよく麻雀をした。


私達は何だか分からないが大人達が楽しそうに遊んでいるのを見ていた。

暮れに仕事が休みになると、我が家で麻雀大会が開かれたことがたびたびあった。


ある年末、三卓（三つのテーブルにそれぞれ四人ずつが卓を囲む）もやることになり、六畳間が十二人の大人で身動きできないほどで、他の部屋にもはみ出していた。父は襖に、メンバーと点数が書き込める大きな紙を貼り、みんなから集めたお金で景品も用意していた。一等、二等、三等と書かれ

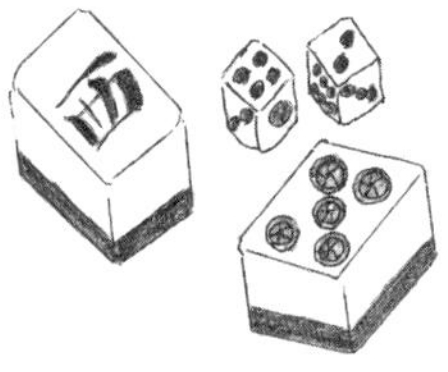

た紙の下にはミカンやお菓子などの景品が並び、お祭りのようだった。

父は楽しかっただろうが、その分、母は目の回る忙しさだった。みんなの昼食と夕食を用意するのだ。お昼はうどん屋さんでうどんの玉を箱いっぱいに買った。どんぶりも全員分はないので、作っては食べさせ、そのどんぶりを洗っては次の分を作り食べさせた。夜はちらし寿司を作って様々なお皿によそい食べてもらった。

父達はトイレに行く以外は、何時間もずっと座りっぱなしだった。食べながら、おかしなことを言っては笑い、ジャラジャラと牌をかき回しては積み、タバコを吸いながら麻雀を続けていた。

母は決して嫌な顔をせず、ニコニコと対応していた。

最後に表彰式があり、みんなそれぞれ景品を持って帰っていった。父は後片付けをしてから、静かになった部屋で一人お酒を飲んでご機嫌だった。私達も楽しかった。

今考えても、あの時の母の真似は絶対できないし、したくもない。父の友人達みんなが母を褒める気持ちも分かる気がする。

お正月も父の友人達はやって来た。いつになく神妙にお正月の挨拶をし、そのあとでお年玉をもらえるのが嬉しかった。

屋上でよくみんなと写真を撮った。屋上が我が家の庭のようだった。その友人の中に、父をものすごく慕っている人がおり、数年後私の姉が結婚をすることになった時、なぜ『加藤』の姓を継がせないのかとムキになっていた。父が「名前なんていいんだ」と言うたび怒っていた。父はただ、私達が結婚した相手とお酒が飲める、と本当に喜んでいた。

私達は母の家系に似て全員下戸だった。


母は優しい人で争いを好まなかった。そして誰からも好かれていた。目黒のお不動様近くに実家があったが、年に二度、お正月とお盆しか帰ることができなかった。父は母が実家に帰るのをあまり喜ばず、自分の兄妹とは頻繁に行き来をした。

浦賀に父の兄、横須賀中央にみね叔母さん、埼玉にわか叔母さん、芳子叔母さんがいた。

母とみね叔母さんは歳も一緒で、子供も女の子ばかりで仲が良かった。泊まったり泊めたりと、よく一緒に遊んだ。

私が小学四年生の時、父の兄が亡くなった。浦賀駅から二、三十分ほど歩くと牛舎のにおいがし始め、伯父の家が見えてくる。伯父夫婦は修佐《しゅうすけ》、文男、祐子という三人の子供と祖母（父の母）の六人暮らしだった。警察官の伯父は、四十五歳の若さで脳溢血で亡くなった。祖父も四十九歳の時に脳溢血で亡くなっており、父は自分がこの年齢になるのをひどく怖がっていた。

父は自分の兄妹をとても大事にし、私達を連れて伯父の家にもよく遊びに行った。浦賀の家の近くでは秋になると、椎の実がたくさん落ちていて、私達はその実を家に持ち帰った。何日かするとバケツの中に白い虫がうじゃうじゃわいていたのでビックリし、二度と拾わなかった。

伯父が亡くなった時、修ちゃんは銀行員。文男ちゃんはまだ学生でいつも静かに本を読んでおり、秀才と評判だった。祐子ちゃんは姉と同じ六年生。私は伯父の葬儀より祐子ちゃんと遊べるのがうれしくて、涙はひとつも出なかった。

残された伯母や子供達のことも考え、父は祖母に、我が家で暮らすよう話を進めた。

私はおばあちゃん子だったので、一緒に暮らせることがただ嬉しかった。家の狭さや、母の気持ちなど考えもしない子供時代だった。

南に面した板の間を祖母に与え、我が家は六人家族となった。またもや荷物であふれかえった。

明治二十三年生まれの祖母はお洒落で衣装持ちだった。祖母は自分の子供を「ちゃん」づけで呼んでいた。伯父を「モトちゃん」、父を「マサちゃん」、叔母達をそれぞれ「わかちゃん、みねちゃん、よっちゃん」と呼んでいたが、母のことは「やすこ」と呼び捨てだった。外ではよそいきに「やすこさん」と呼んでいた。

六十八歳の時から我が家で暮らすようになった祖母は、年齢の割に元気でお洒落、と言われるのが自慢だった。

私達に手がかからなくなった頃から、母は宿舎の仲間達と、あちこちの家に交代で集まっては編み物やおしゃべりを楽しんでいた。

祖母もいつも一緒に参加し、難しいセーターやカーディガンなど、母や友人達に教わりながら、自分や叔母達のために編んでいた。まるで母の友達が自分の友達でもあるかのようだった。

ある時、母が仲間達と芝居見物に行くことになり、父に了解を求めた。父は一言、

「ばあさんも連れてけ！」

母や祖母、仲間達みんなが和服を着て観劇に行ったことを覚えている。

古くなった着物をほどき、洗っては、屋上に紐を張り、細くしなる竹の棒でピンと伸ばしながら糊付けをする「洗い張り」の作業は、何度見ても面白かった。

母と二人で姉《あね》さんかぶりをし、綿埃にまみれながら打ち直した綿で布団を新しく作り直していたことも思い出す。

祖母は年に数回は叔母達の家にも行って、何日か泊まったりしていた。


定年間際、父に島根への栄転の話があった。

しかし祖母がいるから、という理由で父はその話を断り、五十三歳で退職金を前借りし横須賀に家を買った。数年後検察庁を辞めてから、横須賀の検察庁近くに司法書

士の事務所を持ち、お弁当を持参して通った。毎日毎日イチゴジャムとオレンジジャム、二種類だけのサンドイッチを母に頼み、「うまいな、うまいな」と飽きずに食べていた。

父は日曜大工も好きだった。ただ、せっかちでその日のうちに仕上げないと気が済まない性格だったので、作りは雑だった。

横浜の家に居た時には南側のベランダでカナリアやジュウシマツを飼った。鳥かごはりんご箱を利用して父が自分で作った。子供の頃は「すごいなぁ」と、父のことを周りの人にも自慢した。その頃作った背もたれのない椅子は、横須賀に越してからも使っていた。頑丈な作品はこれだけだったが重宝した。

父は司法書士の仕事を辞めてから襖や屏風を仕立てる表装を習ったり、その後切り絵の教室にも通ったりした。切り絵には特に夢中になり、毎日のように作っては叔母達にあげて喜ばれていた。

家の中にも父の作品がたくさん飾られた。いずれも作家の作品を模した物だったが、父にしては珍しく丁寧に作られていた。

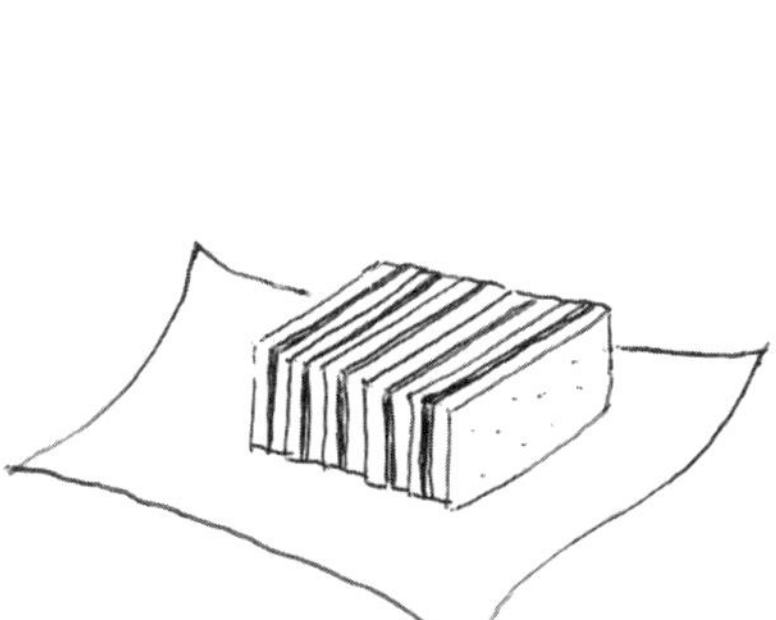

子供の頃

姉の陽子は戦争のさなか、昭和二十年四月九日に横須賀の共済病院で生まれた。夜中に陣痛が起き、父と提灯を持った祖母が付き添って病院に向かったが、しばらく歩くうち、とうとう母が動けなくなった。父は近くの酒屋の店先にリヤカーが立てかけられているのを見て酒屋に声をかけた。戸を叩いても大声で呼んでも返事がなく、仕方なく、

「リヤカーをお借りします！」

と母をリヤカーに乗せて走った。提灯を持った祖母が後から追いかけていった。何とか病院につき、姉は無事に生まれた。父は酒屋にリヤカーを返しに行き、礼を言ったそうだ。父はこの話を面白可笑しく何度も私達に話して聞かせた。

その二年後の昭和二十二年十二月二十八日、年末の大掃除の最中に私は家で生まれ、妹の千恵子は昭和二十五年八月十九日に衣笠の病院で生まれた。三人とも横須賀生ま

れで、きちんと二歳八か月違いだった。

宿舎の近くには空地や原っぱがたくさんあり、遊ぶ場所には困らなかった。ぼうぼうと草が生い茂った原っぱでは、近所の男の子達とその上にゴザを載せ飛び乗った。フワ〜ッとゴザと共に沈んでいくのが気持ちよく楽しくて何度も試した。

舗装されていない道路は雨が降るたびに水たまりがあちこちにできた。千恵子が三、四歳くらいだったか、嬉しそうに私を呼びにきた。草むらが水浸しだった。

「何？　何？」

あとずさりしながら手招きする妹の後をついて行ったが、突然妹が水の中にドボンッと埋まった。そばに隠れていた男の子達が、

「あ〜ぁ……」

と残念そうな顔をのぞかせた。私を落とすために男の子達と妹が作った落とし穴だった。

千恵子はなかなかのきかんぼうで、よく、「この子が男の子だったらなぁ」と言わ

れていた。父も母も男の子が欲しかったのだろう。

私は体が弱い訳ではないのに、小さい頃はよく熱を出しては何日も寝込んだ。

ある時、父、母、浦賀から来ていた祖母が、寝ている私を枕元で覗き込んでいた。

その時、妹がヨチヨチと両手で、黒光りした三十センチくらいのこけしを抱えて私の枕元にやって来て、振り上げた。

「何をするんだね、この子は！」

祖母が叫び、父、母が慌ててこけしを取り上げた。こんなもので叩かれたらと、みな驚いた。自分に構ってくれなくて面白くなかったのか、妹はもちろん覚えていないのだが、折々に聞かされ、そのうち私を叩いた気になっていた。

そんな妹も、小学校に入学すると大人しい子になった。


宿舎のそばの繊維工業試験所では、同じ宿舎に住むミチコちゃんのお父さんが働いていた。

広い敷地に門が二か所もあった。私達はいつも家に近い方の門から、守衛さんに見つからないよう身を屈めながら中に入り込んだ。守衛さんの中には、見て見ぬふりをする人もいれば、「こらっ！」と怖い顔で睨む人もいた。怖い人の時は違う門から忍び込んだ。

広い敷地には研究施設のようなものがあり、たくさんのガラス瓶やガラスのかけらが、崖の下に山のように捨てられていた。私達はこのかけらをおままごとの道具にしたり、大事な宝物にしたりするために拾った。

この崖の下には小川が流れていてザリガニがたくさんいた。トンボを餌にしてよくザリガニを釣って遊んだ。今だったら工場に忍び込むこと自体が、監督不行き届きと問題になっていただろう。

何のためなのかプールもあり、一度だけこのプールに水着で入って遊んだ記憶がある。

ミチコちゃんのお父さんの仕事場は半地下にあって、目の前の窓の外が地面だった。休みの日にこの部屋で絵を描いたりして遊ばせてもらったこともあった。一人だけの部屋だった。

この試験所の社宅が門の隣にあり、二階建てで二家族が住んでいて、東側の家の横には大きなクスノキがあった。その家の子と近所の子達でよくクスノキに登って遊んだ。板を運んではイカダのように組んで、今風に言えばツリーハウスのようにして楽しんだ。

このクスノキにはたくさんのアオスジアゲハが飛んできた。私達は葉っぱに産み付けられた綺麗な緑色の卵を家に持ち帰り、虫かごに入れて観察した。卵が幼虫になると毎日新しい葉っぱを取ってきては与え可愛がった。そしてサナギになりアゲハチョウになると外へ逃がしてあげた。

私達三姉妹はみんな違う幼稚園に通った。

姉は宿舎の下の階に住んでいた陽之介ちゃんと「松ヶ丘幼稚園」に通い、末の千恵子は西区の「むつみ愛児園」という保育園に通った。

私は同じ宿舎の、隣の階段の久美子ちゃんと「反町幼稚園」まで通った。子供の足で二十分以上はかかっただろう。小学生になると通った青木小学校の手前だった。毎朝母が妹をおぶって送って来てくれた。初めからではなかったと思うのだが、私は突然、母が帰るのを泣いて引き留めるようになった。何故そうなったのか分からないのだが、子供心に何となく怖かったのだと思う。

「このまま母に会えなくなったら……」

と思ったのを覚えている。

姿が見えなくなれば諦めるのに、母が帰ろうとすると泣き叫ぶ。これが何日か続き、父が祖母に助けを求めた。祖母は私を幼稚園に届けるとそのまま、幼稚園に隣接している園長先生の家で過ごし、終わるまで待っていてくれた。

私と同じようによく泣く子がもう一人いて、ある日二人で園長先生の家に呼ばれた。そこには見たことのないケーキが置いてあり、「これを食べるともう泣かなくなるのよ」と言われた。二人で恐る恐る食べたケーキは美味しかった。

後で母から聞かされたことだが、これはロシアケーキという、クッキーの上にジャムやチョコレートをのせて二度焼きしたもので、その時に初めて見た。不思議なことに次の日から祖母が帰っても平気になった。多分もう幼稚園にも慣れ、先生はタイミングを見計らっていたのに違いない。祖母は安心して浦賀へ帰っていき、母もほっとしたことだろう。手のかかる頑固な子供だった。

その後、子供達だけで帰るようにもなり、毎日気の向いた道を選んで帰っていた。今では考えられない危険な場所も多かった。台町には空地が多く、防空壕のような洞穴もあり、「ヒロポン中毒に気をつけて！」「危ないとこに行っちゃダメよ！」と、口を酸っぱく言われていた。しかし、私達はあちこち寄り道をしては花を摘んだり、草を振り回しながら歌を歌ったりと、みちくさの楽しみを覚えていった。

幼稚園のクリスマス会では「浦島太郎」のお芝居をした。私は「鯛」の役だった。双子の可愛い姉妹のどちらが「乙姫様」になるのか結論が出ず、結局二人で乙姫様をやることになり、浦島太郎は私と仲のよいみち子ちゃんが演じた。

三月の学芸会は近くの福祉会館で歌を歌った。

舞台の上、前列の真ん中あたりに立った時、父や母みんなが見に来ているのが分かった。みんなと目が合うのが嫌で、最初から最後まで首を左に向け歌い続けた。父も母も呆れていた。かえって目立つとは思いもしなかった。

私の熱はたびたび出て、小学校一年生の時に横浜駅東口にある大きな病院で扁桃腺とアデノイドを取ることになった。この当時、何人もの子が同じ手術をした。

手術室にはどっしりとした椅子が二脚あり、同い年の男の子と二人、同時に手術を受けることになった。先生から手術の間中、大きな口を開けていられるか聞かれた。できなければこれを口に嵌《は》めるよ、と大きなバネのような金具を見せられ口に嵌められた。それがすごく痛くて、私は「大丈夫」と言って嵌めずに手術を受けた。ずうっと大きな口を開けたままだった。男の子は途中からその器具を付けられ口を開けさせられていた。ずっと泣き叫んでいた。

手術中、生温かい血がドクドク出て気持ち悪かったが我慢した。そのあとしばらくベッドで血が止まるまで寝かされた。悲劇のお姫様になった気分だった。父も母も優しく、

「よく我慢したね。偉かったね」

と、少しも泣かず我慢強い子だと褒めてくれ、フランス人形を買ってくれた。

三姉妹はよくケンカをした。やれ足を踏んだ、やれ手が当たった、やれ私の消しゴムを使った、とほんの些細なことで言い合い、叩き合った。どちらが先に手を出したのかも忘れ、いつまでも続いた。とうとう母が叱り、玄関から外に出された。妹は何としても出るものかと、右手でどこかを掴み、その手を外されると左手がどこかを掴み、外に出されるまで抵抗し続けた。私は言われるまま外に出されたが、妹のように「入れてよぉ、入れてよぉ」など決して言わず、黙っていた。一人で出された時も、あんまり静かなので心配され、そのうち家の押し入れに入れられた。

「ご飯になれば出てくるだろう」

と思っていたようだが、私は声一つ出さなかった。

「もう、いい加減出てきなさい！」

根負けした母に出されたが、いつもふくれっ面をしていた。しばらく口も利かず、ご飯を食べない時は父がご機嫌を取りに来たりした。

意地っ張りで、強情で、父も母も手を焼いていた。

まだ電化製品もない時代で、母は多くの家事に時間を取られ、私達にかまう余裕もなかった。

夏は窓を開けっぱなしにし、四階の窓からは風がピューピューと家の中を通り抜けた。そのせいか板の間や廊下はザラザラとし、朝晩掃除や雑巾がけをしたものだ。冬は洗濯したものも一日では乾かなかった（脱水機能がある洗濯機になってからは乾くようになったが。結婚して今の団地に越してきた当時も、まだエアコンがなかったため、夏場は窓を開けて風通しをしていた。そのため、夕方は家の中がザラザラで、やはり雑巾がけをよくしていた）。

母は夕方になると夕飯の仕度のため毎日買物に出かけていた。少しでも倹約しようと、安く買える商店街にも足を運んだ。とにかく朝起きてから夜寝るまで、クルクルとよく働いていた。

出かけない日曜日はみんな割とゆっくり起き、母は朝ご飯の仕度、父は朝の掃除をしていた。私達は起きてからすぐ、ご飯ができるまで外で遊び、きれいに整った部屋で遅めの朝ご飯を食べた。

姉が六年生、私が四年生、妹が一年生、全員が小学生になった時は楽しかった。私は運動会は大嫌いだったが、姉や妹が活躍するのがうれしかった。

運動会には足袋を履いて行った。足が軽くなり、いつもより早く走れる気がした。しかし駆けっこはいつもビリからひとつ手前くらいで、下を向いてみんなの後ろに並んだ。誰にも見られたくなかった。

姉が中学生になった時、みんなで運動会の応援に行ったことがある。校庭の周りにはたくさんの屋台が出ていてお祭りのようだった。

いつの頃からか屋台は出なくなったが、あの頃は、運動会は地域全体の娯楽だったのかもしれない。

宿舎には地下室があり、一軒ごとに二畳くらいの物置があった。家に入りきらない物を入れたりしていたが薄暗かった。子供だけでそこに入った時はドキドキした。敷地内には水道の施設もあった。停電があって水道が止まったりすると、母達が総出でここの水を井戸のように汲み上げ、バケツに入れて使ったりした。貯水槽だったのだろう。

各家の北側、台所の外に半畳くらいの小さなベランダのようなでっぱりがあった。そこの壁には穴が開いていて、煙突のような空洞が下まで続いていた。家庭から出たゴミをそこの穴から下のゴミ箱へ落とす仕組みだった。夏になるとそのゴミ箱にウジ虫がわき、壁を伝って上へ上へと上ってきた。母達はその時も総出で薬を撒いたり洗ったり、掃除をしていた。

家に風呂はなく、洗面器、石鹸、手ぬぐいなどを入れた風呂敷包みを持ってお風呂屋さんへ通った。今のように毎日お風呂に入るのは贅沢だった。楠木町や浅間下の銭湯はよく覚えているが、とにかくあっちこっちの銭湯に行った。父が一緒の時は黄金町のお風呂屋さんまで京浜急行に乗って行ったこともあった。父はこんなことをするのが大好きだった。

十歳の頃、我が家のすぐ近くに銭湯ができた。

そこの小さな女の子と仲良しになり、たまに姉妹でお風呂屋さんに遊びに行った。銭湯が開くまでの時間、気持ちのいい縁側に座ったりおしゃべりをしたり、時にはお菓子もご馳走になった。

女湯にたまに男の人が入って来た。湯船の脇の入口から入ってきて、上半身は裸だった。女の人の肩に手ぬぐいをかけ、ポンポンといい音で背中を叩いたり、洗ったりしていた。

今では使われない言葉だが、「サンスケ（三助）」と呼ばれていて、風呂の湯を沸かしたり、湯加減を見たり、肩や背中をマッサージしたりするのが仕事だった。その男の人はカッコ良く、今でいうイケメンだった。その人に作業場で話を聞くのも楽しかったし、たまに一緒に遊んでもらったりした。お風呂を沸かす場所も見せてもらった。大きな焚口に薪をボンボン投げ込み、そこの板の間がホンワリと暖かくて寝転んだりした。

その当時のお風呂は今のようにお湯が循環しておらず、一番風呂はお湯がきれいで気持ち良かったが、夜になるとお湯は茶色く濁っていた。

それから何年か経って、公務員宿舎の各家の台所の外側にお風呂場が増設された。銭湯に行く機会はめっきり減って、そのお風呂屋さんも今はなくなった。


年末になると父は部屋の模様替えをしようと張り切った。いつから考えていたのか、突然、本棚やタンスをあっちの部屋、こっちの部屋へ移動するよう指図された。

大みそかは紅白歌合戦を見るのが一大イベントだったのでみんなで反対したが、間に合うからと言われ、嫌々従った。いつもギリギリで何とかなったが、もう少し早くにやればいいのに、と父に聞こえないところで文句を言った。

大みそかの夕飯はいつもより少々簡単にし、二十四時と同時に年越し蕎麦を食べるのが習慣だった。お雑煮やお節の用意もしなければならない、そんな中でもお構いなしに父は模様替えに精を出した。母は大変だったし、寝る時間はあったのだろうか？

年越し蕎麦も風変わりだった。例年通りお蕎麦の時もあれば、うどんやラーメンの時もあった。インスタントラーメンが発売された時は、丼に蓋を載せ、三分待って

「おめでとうございます」と言いながら食べた。

私と妹は小柄だったが姉は背が高く、何となく大人びており、近所に松下さんという仲のいい友達がいて毎朝一緒に登校していた。学校で姉を見つけると嬉しかったし、「妹さんね」と姉の友達に言われるのも嬉しかった。家ではケンカばかりしているのに……。親戚の家に二人だけで行ったこともあったが、姉がいれば安心だった。

姉は高校卒業後、近所の仕立て屋さんへ週に一度洋裁を習いに通った。母に似て洋裁、和裁、小物作りからパッチワーク、何でも丁寧に仕上げ、縮緬《ちりめん》の小物やブローチなどを母や妹、私にも作ってくれた。その後結婚してから実家に集まる時にはよくお赤飯と煮物、鶏肉のロール巻など作ってきてくれた。

私の次男の猛が、「へ～っ、すごいね！」と褒めていたが、私には得意料理がなにもなかった。

妹は小さい頃よくピアノが欲しいと言っていたが、家にそんな余裕はなかった。

結婚し、子供達が成人して家を出て行ってから数年後、ようやく妹は自分の時間が

郵便はがき

料金受取人払郵便

新宿局承認

2524

差出有効期間
2025年3月
31日まで
(切手不要)

1 6 0-8 7 9 1

1 4 1

東京都新宿区新宿1－10－1
(株)文芸社
愛読者カード係 行

ふりがな お名前		明治 大正 昭和 平成	年生 歳
ふりがな ご住所	□□□-□□□□		性別 男・女
お電話 番 号	(書籍ご注文の際に必要です)	ご職業	
E-mail			
ご購読雑誌(複数可)		ご購読新聞	新聞

最近読んでおもしろかった本や今後、とりあげてほしいテーマをお教えください。

ご自分の研究成果や経験、お考え等を出版してみたいというお気持ちはありますか。

ある　　ない　　内容・テーマ(　　　　　　　　　)

現在完成した作品をお持ちですか。

ある　　ない　　ジャンル・原稿量(　　　　　　　　　)

書　名			
お買上 書　店	都道　　　　　市区 府県　　　　　郡	書店名	書店
		ご購入日	年　　月　　日

本書をどこでお知りになりましたか?

1.書店店頭　2.知人にすすめられて　3.インターネット(サイト名　　　　　　)

4.DMハガキ　5.広告、記事を見て(新聞、雑誌名　　　　　　)

上の質問に関連して、ご購入の決め手となったのは?

1.タイトル　2.著者　3.内容　4.カバーデザイン　5.帯

その他ご自由にお書きください。

(　　　　　　　　　　　　　　　　　　　　　　)

本書についてのご意見、ご感想をお聞かせください。

①内容について

②カバー、タイトル、帯について

弊社Webサイトからもご意見、ご感想をお寄せいただけます。

ご協力ありがとうございました。

※お寄せいただいたご意見、ご感想は新聞広告等で匿名にて使わせていただくことがあります。

※お客様の個人情報は、小社からの連絡のみに使用します。社外に提供することは一切ありません。

■書籍のご注文は、お近くの書店または、ブックサービス(0120-29-9625)、セブンネットショッピング(http://7net.omni7.jp/)にお申し込み下さい。

持てるようになった。そして五十代後半になって、子供の頃からの夢だったピアノを買い、並行して社交ダンスも習った。

その後、妹はカラオケにも夢中になり、賞を貰うようにもなった。有段者となってさらに上のステップを目指すカラオケ大会では、何回かその様子をテレビで観たことがある。

何でも徹底的にやる人だった。手芸も得意だった。編み物が好きだったし、母や姉、私のために組紐でアクセサリーなどを作ってくれたりした。

私には、みんなにあげられるような得意なものが何もなかった。

親友

小学五年生になって、私には山根康子さんという友達ができた。三姉妹の長女で、おとなしいけれどしっかりしていて、頭が良くスポーツも得意だった。ハキハキ話す声が心地よかった。

いつも定期券をランドセルにつけて、東横線の白楽駅から反町駅までの越境通学をしていた。お嬢様のようで少し憧れた。

六角橋の家にお邪魔したことがある。たしか広いお家の離れだった気がする。すっきり片付いていて、タンスには日に焼けないよう布がかけてあった。上品な家だった。

山根さんはご両親のことを「お父さま、お母さま」と呼び、私とは世界が少し違う気がした。

彼女が私の家に来た時、母と山根さんのふたりが、名前が同じ「ヤスコ」で、山根さんは誕生日が二月、母は三月だがどちらも十六日であったことから意気投合し、たいそう喜んでいたことを覚えている。

学校ではいつも一緒にいた。一緒にいるだけで安心できた。

別々の中学校になってしばらくして、山根さんが同じ中学校の友達と一緒に我が家を訪ねてくれたことがあった。家の中が散らかっていたので恥ずかしく、階段の踊り場で話をした。友達は背の高い大人びた人だった。こんな友達ができたんだ……と、山根さんが少し遠い人になった気がした。


ある日、小学校時代の担任の牧野先生が音楽担当の四方田先生と結婚したと知り、心底ビックリした。

私にとって、女性の四方田先生は憧れだった。明るく、快活で、特に男子に人気があった。

山根さんから先生のお宅に一緒に行こうと誘われ、二人で新婚のアパートを訪ねた。二階建てのアパートの一室で牧野先生が手品をしてくれたが、失敗しては「あれっ、おかしいな……」と首を傾げるたび、みんなで大笑いした。

男の先生が苦手だった私だったが、この日初めて、牧野先生が優しくて楽しい先生だったんだと知った。二人は仲が良さそうで、来て良かったと、山根さんの気遣いに感謝した。山根さんは私よりずっと大人だった。

六年生の時だったか、私が熱を出し何日か休んだ時も、山根さんはお見舞いに来てくれた。

それからずっと経って、私の夫・邦夫が亡くなったことを知った時も電話をかけてきて心配してくれた。いろいろ話をしたが、山根さんのご主人が若くして亡くなった時の悲しさ、つらさはこんなものではなかっただろうと改めて思った。

何年も続いていた小学校のクラス会はコロナ禍で中断していたが、二〇二二年の六月にようやく再開できた。三年ぶりで、四方田先生の米寿のお祝いも兼ねていた。八月が先生の誕生日だったが、牧野先生は二〇一七年の正月に亡くなられていた。邦夫が亡くなった翌月の末に、四方田先生から、夫を亡くした私を気遣う手紙が届いた。手紙には、先生がひとりになった時の悲しさ、淋しさが滲み出ていて、涙を流しながら何度も読んだ。

父や母が亡くなった時とは違う、初めて知る悲しみだった。

中学一年生の時、同じ沢渡に住む石井朝子さんと同じクラスになった。小学校では一度も口をきいたことがなかったし、接点もなかった。

最初「アサコ」と思っていたが、何かにつけ「源頼朝のトモコ！」と念を押された。通学時の通り道に彼女の家があったので、毎朝一緒に登校するようになった。神奈川学園の入口の崖の上に何軒か家が並び、そのうちの一軒が石井さんの家だった。私は彼女を「イシコ」と呼んだ。二人でよく一緒に遊び、お互いの家を行き来した。イシコはいつも何か面白いことを考えていて二人してよく笑い合った。

ある時、「黄色い布がぶら下がっていたら家に居るから」と、本当に黄色い布を棒にくくりつけ、かざしていたりした。四階にある我が家とイシコの家の建っている崖が同じくらいの高さで、北側の部屋からその布が見えた。

ふたりで「こんな家に住みたいね！」「私はこんな家がいいな……」と設計士まがいに図面をひいて見せ合ったりした。

二年生になってクラスが変わっても一緒に登下校し、三年生になっても続いた。

放課後、イシコは友達と軟式ボールを使った「ロクムシ」という遊びに夢中になっていた。何度か誘われたが、私はボールを使うゲームは苦手だったので、いつも見るだけにしていた。見ているだけで面白かった。そしてゲームが終わると一緒に帰った。

別々の高校に行くようになってしばらく経ったある日、「油絵を習ってるけど、一緒にやらない？」とイシコに誘われた。絵を描くのは好きだったし、興味があったので父に道具を買ってもらい一緒に通った。道具とキャンバスを持った時は何となく胸を張って歩いた。

初めにユトリロの模写をさせられた。初めて聞く名前だったが好きになった。絵具を塗り重ねるのも初めてだったが、油絵は失敗してもやり直しが利く、そんなところも面白かった。

父は私の絵をとても褒めてくれ、人が来るたびに、

「ひろ子が描いたんです」

と模写なのにも拘らず自慢していた。

いつの日かイシコは山手に越し、崖の上の家も、崖の下にあった繊維工業試験所もなくなった。

邦夫が亡くなって四か月半ばかり経ったある日、イシコから手紙が届いた。封筒の中に三菱一号館の「上野リチ展」のチケットが二枚入っていた。友人とふたりで五月の半ばに見に行きゆっくり楽しんだ。

嬉しいプレゼントだった。

中学を卒業してから五十九年が経っていた。

私はいわゆる「第一次ベビーブーム」と言われる昭和二十二年に生まれた。小学校は一クラス五十四名で九クラス。中学校は一クラス五十三名で十三クラスもあった。

中学校の修学旅行は京都、奈良で二泊三日だった。現地ではバス十三台を連ね、先生方の苦労は並大抵ではなかったろう。嵐山や法隆寺など、行く先々でクラスごとの写真を撮り、興福寺では学年の半数ぐらいの生徒が広い階段を埋め尽くしての写真撮影をした。

旅館もあちこち分散し、どこへ行くにも何をするにも人、人、人で、自由時間だけが楽しみの旅行だった。その当時のことは今でもアルバムを見て思い出すくらいだ。公立の高校も到底すべての生徒を受け入れるだけの数がなく、県内でも何校か新設された。

私は先輩のいない新設の高校を選んだ。その高校の校舎はまだ姿形もなく、関内にある定時制の高校に昼間間借りするという形で始まった。電車も当時は桜木町までしか通っておらず、桜木町の駅から毎朝歩いて通った。文化体育館の隣にある校舎から、賑やかな街中を歩いて下校するのは結構楽しかった。

「寄り道はしないように！」

と言われていたが誘惑に負けることの方が多く、社会勉強のようにあちこちぶらつきながら帰って行った。

クラスは七クラス。先生と生徒がとても近しい間柄となり、和気あいあいとした雰囲気だった。一年生の時は全クラスが男女共学だったが、二年生になると進路ごとにクラスが分けられた。一、二組は女子だけの就職クラス、三〜六組は男女一緒の進学クラス、七組は男子だけの進学クラスだった。私は一組で女子だけの、誰に遠慮することも格好つけることもない気楽な時間を過ごした。

　この頃同じクラスの子に美術部に誘われ入部した。そこで仲良くなった憲子とは今でも年に二、三回会っている。桜木町（お互いの家からの中間地点）で待ち合わせ、ランチやおしゃべり、時には散策をし、何でも話せる気の置けない仲になっている。大事な友達だ。


　高校二年生の十月に、鶴見に校舎が完成し、そこへ移った。

　翌月の十一月に第二回の運動会が新しい学校の広々とした運動場で開催された。私達のクラスは、「江戸は遠くになりにけり」というキャッチフレーズで、明治時代の衣装をつけた仮装行列をした。憲子はバンカラ大学生、私は頭に大きなリボンをつけた女学生の格好で、ふたりとも袴を穿いて腕を組んで行進した。ちなみに第一回目の運動会は、三ツ沢のサブグラウンドで行われたのだった。

　体育館はなかなかできず、入学式は中区の開港記念会館（ジャック）で行い、卒業式は紅葉坂の県立青少年センターで行うという、なかなかに面白い経験をした高校時代だった。

昭和四十四年、父が買った横須賀の家は、大手の住宅会社が山を切り崩し造成した土地の、上の方に建てられていて、坂を五分くらい上った場所にあった。広い造成地の中のほんの一角に数軒の家が立ち並び、我が家の横は小さな公園だった。

そこへ越すと決まってから、車があると便利だと、私が免許を取ることになった。会社が終わってから三ツ沢近くの関東自動車学校へ通った。ここへ越すことにならなければ絶対に免許など取るつもりはなかったし、車の運転など怖くて仕方なかった。それでも自動車学校に通ううちに運転が楽しくなり、ようやく免許証がもらえた時は夢かと思うほどだった。

引っ越しをしてから、父とホンダの営業所へ出かけた。ちょうど私の従妹も免許を取り、ホンダN３６０に乗っていると知った。

車を買ったらすぐ乗れると父も私も思っていたので、手続き上ひと月近くかかると聞き、うろたえた。なにしろ朝出かける手段が何もないのだ。一番近い北久里浜駅へ向かうバスは朝七時が始発で、これでは会社に間に合わなかったし、野比の駅へ向かう道は未完成だった。

本当にできたての、ポツンポツンと家があるだけの、やたら広い殺風景な住宅地だった。

その頃私の勤めていた会社は、事業場ごとにあちこちに分散し、私の職場は横浜線の鴨居に移っていた。始業時間は朝八時と早かった。京浜急行北久里浜駅の、朝五時五十八分発の電車に乗るため、私と妹（川崎の会社勤務）は歩くしかなかった。年末に越して、新年から冬の朝早く二人早足で五十分かけ駅まで歩いた。満員電車に乗ると汗がドッと吹き出した。真冬の電車の中で吊革につかまって汗を流しているのは私達だけだった。

近所にやはり私達と同じ時間に出勤する家族がいたが、そのうち毎朝タクシーを予約するようになった。私達のように駅まで歩くのは無理と諦めたのだそうだ。子供の頃から父に鍛えられたことが功を奏したのだろうか。車が届くまでのひと月近く、二人で一緒に歩き、夜は駅で待ち合わせて一緒にバスで帰った。

造成地からバス停に続く道はまだ舗装されておらず、雨が降るたびひどいぬかるみになった。雨の朝は母が舗装された道路まで一緒に来てくれて、そこで靴に履き替え、履いてきた長靴を持って帰ってくれた。あたりには野良犬がうろつき母が心配だったが、何事もなく済んだ。今でもその時のことを思い出すと怖くなる。

車が来てからは、電車の時間に合わせて私の運転で妹と駅に向かい、駅の空地に車を停め会社に向かった。しばらくして野比駅までの道が開通すると、野比の駅前に駐車するようになった。

私はその年の五月で退社し、その後はもっぱら妹と父の送り迎えに徹した。野比駅までなら車で五分程度と、随分楽になった。

私は十月に結婚することになっていた。

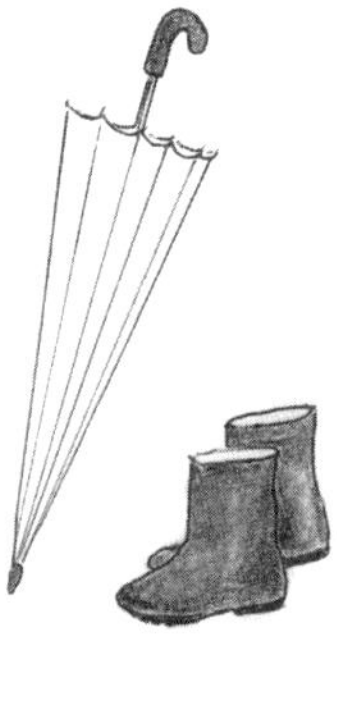

父、母、祖母との別れ

八十九歳で亡くなった祖母は、晩年認知症の症状で、夜になると「帰ります」と言って玄関から出て行くことがたびたびあった。

用心した母が、祖母が起きてもすぐ分かるようお互いの手を紐で結んで寝ていたが、どういう訳か祖母はうまく紐を外して出て行ってしまう。気づいた母が祖母を追いかけ、大ごとにはならずに済んだが、母は安心して寝られない日が続いた。

その頃には私達姉妹はみんな結婚しており、母が一人で介護していた。父は自分の母親のそんな姿を認めたくなかったのか母に任せっきりだった。

その後祖母は一年近く寝たきりの状態になり、近くの医師が往診してくれていた。食べ物を受けつけなくなって、埼玉から「わか叔母さん」がやって来た。大好きな叔母が来ると聞き、私も実家にかけつけた。先生から、

「あとは点滴だけ……」と言われた叔母は、

「もうこれ以上は結構です」と断った。

祖母をとても大事にしている子供達だったので、一日でも長く生きる方法を選ぶんだろう……と思っていた私は少し意外に思ったが、その言葉には何の迷いもなかった。きっと叔母達三人で話し合い、そう決めてきたのに違いなかった。叔母達は若い頃看護婦として働いてもいた。そして日頃から私の母に感謝の言葉を口にしていた。

「泰子さん、今までありがとう」

叔母は、母に礼を言い、これまでの労をねぎらってくれた。おろおろするしかなかった父もようやく納得し、祖母はそれから何日かして、静かに息を引き取った。

翌月には九十歳になる七月のことだった。


父は六十八歳の時と、その後一年半経った七十歳前後の時の二度、脳梗塞を起こした。

一度目の時は比較的軽く入院もせずに済んだが、右半身が少々麻痺した。数か月して、その当時凝っていた切り絵をリハビリのつもりで再開した。徐々にではあったが、楽しみながら良くなっていった。

二度目の時は出先で友人と立ち話をしている時に具合が悪くなり、病院に運ばれ入院した。今度は左半身が麻痺した。せっかく治ったのにとひどく気落ちし、怒りっぽくなった。家に帰るためのリハビリも嫌がり、母も困り果てた。病院側もこれ以上居ても仕方ないと、退院させてくれた。

しかし家では好きに動けるせいか、部屋の中をウロウロしたり、二階に上がったりと歩き回ることが幸いし、麻痺も少しずつ治っていった。

父は七十三歳の秋に国から勲四等瑞宝章《ずいほうしょう》を頂き、母と皇居での授賞式にも参列することができた。父はモーニング、母は和服で式典に臨み、勲章をつけた写真も撮った。そして叙勲のお祝いは、父の妹やその家族、私達三姉妹とその夫や子供達みんなで料理屋で食事をし、叔母達が唄を唄ったり、昔話に花を咲かせたりして、賑やかに過ごした。

その後も喜寿の祝いや金婚式のお祝いなど、事あるごとに家族みんなで食事に出かけ、父も嬉しそうに参加していた。

叙勲とともに思い出すことがある。父が亡くなって数か月後、母の元に男の人が訪ねてきた。ちょうど私達三姉妹も実家に来ていて、父の遺品整理と部屋の片づけで、家の中はひどく散らかっていた。母は誰かがやって来ると連絡を受けてはいたが、ただ書類を受け取るだけと思っていたようだった。

昼過ぎに家のピンポンが鳴った。母が出ていくと、男の人が家の中へ上がり込んできた。部屋を覗くと、男の人は居間には入らず、その場所でおもむろにカバンの中から書類を取り出し、母に、

「では……私の前にお立ちください」

と言って、大相撲の授与式のように何かを読み上げ始めた。私達は居間で固まったまま身動きもできず、そのやり取りを見ているだけだった。私達はみんなひどい恰好をしていた。

黒いスーツをビシッと着込みニコリともしない男の人と、普段着姿で神妙に俯《うつむ》いた母の対比がやけにおかしかった。それは居間へと続くダイニングルームで行われた伝

達式だった。母が用紙を受け取ると、

「これで終わりです」

と言って、男の人はそそくさと帰って行った。

お茶をいれる暇もなかったし、足の踏み場もない居間では話どころではなかったろう。

眼鏡をかけた生真面目そうな人だった。

父は生前、『正八位《しょうはちい》』という位を持っていた。国に長く功績のあった人が亡くなると位階が授与されるらしい。その書類には、

正五位に叙する

平成十三年六月二十七日

内閣総理大臣小泉純一郎宣

と、父の亡くなった日付が記されていた。

いまだにこんな時代がかったことが執り行われ、名誉に思っている人がいるのだ、と知った。

今でも思い出すと恥ずかしく、申し分けない気持ちになる。母もそうと知っていたら身なりを整え、居間でお茶を飲みながら少し話もしたことだろう。何事にも律儀な人だったから……。


父が亡くなったのは、あと二か月で八十六歳になろうかという六月の末だった。

父は一週間ばかり具合が悪くて入院していた。さあ退院という朝、意識がなくなっているのを発見され、そのまま三か月、目を覚まさなかった。夕食に食べたものが夜中に逆流したのか、喉に食べ物を詰まらせていたのだった。

他の病院か施設を探すよう言われ、どうしようか困惑している時に、食道癌が判明し、そのまま入院していられることになった。

母はバスの定期券を購入し、毎日病院に通った。

三か月、毎日だ。

父の告別式の日は真夏のように暑かった。姉は写真、妹は花束を持たされ、私は火葬場で焼かれたばかりの遺骨を渡された。白い布に包まれた箱を抱え、車に乗り込み膝に載せた。そのうち膝が熱くなり、家に帰るまでずっと持ち上げていた。重かった！　父が、熱い！　熱い！　と怒っているようだった。

父が亡くなってからようやく、母は自分の妹達と渋谷で待ち合わせ、明大前にある母の実家の墓地でのお墓参りに参加できるようになった。春と秋のお彼岸、八月のお盆、年末または年明けにも日を設け、お墓参りの後、渋谷の中華料理屋で過ごした。何度か行くうちに店の人と馴染みになり、いつも奥の席に案内され、ゆっくり過ごさせてもらうようになっていた。

仲の良い四姉妹だったが、今は平塚の叔母ひとりだけになってしまった。

祖母と父の介護に明け暮れた母だったが、私達とも気兼ねなく旅行に行けるようになった。

父の死から三か月経った頃、まずはディズニーランドに行こうと、母、姉、妹、私、そして姉の娘幸子、女ばかり五人でホテルに一泊し、ミッキーと写真を撮ったりアトラクションを楽しんだりした。母は父の写真をずっと持ち歩いており、時折出しては父に辺りの様子を見せていた。

立山の室堂《むろどう》やハウステンボス、八ヶ岳高原、河口湖、熱海、三浦海岸のホテルなど、母娘四人で泊まり、楽しんだ。

二〇一一年、母が目黒に行きたいと言い、四人、品川駅で待ち合わせた。目黒駅から坂を下り（子供の頃母の実家に行くたびに下った坂で、懐かしかった）、雅叙園で百段階段を上っては各部屋を見学した。「八つ目や　にしむら」で鰻を食べ、母の実家があった場所を見てからお不動様に寄り、五反田、品川経由で泉岳寺での四十七士の墓参りもした。

母は向田邦子や池波正太郎の本を愛読し、東京の地理にも詳しかった。その日は討ち入りの二日前、十二月十二日、九十一歳の母の案内で歩き回った一日だった。

どこで待ち合わせをしても一人で大丈夫だったし、一人で住むことにも不安は感じさせなかった。

母は毎月、父の月命日の墓参りを欠かさなかった。そのうち姉と私も横浜駅から電車とバスを乗り継ぎ、横須賀の市営墓地近くのバス停で母と落ち合い、花を買い、墓参りをするようになった。その後近くでお昼に食べるものを買ったり、母が家にあるもので何か作ってくれたりして、実家で昼食やおやつを食べながら取りとめのない話をして過ごした。台風や天候の悪い時は、日を改めて母がひとりで行ってくれた。

私の夫の邦夫が具合を悪くして車の運転をやめてからは、私用に小型車に替えて、実家にも自分で運転して行くようになった。横横バイパスの渋滞を避け、早めに実家に行き、姉の電車の時間に合わせて、駅近くのコンビニの駐車場で母と二人で姉を待ち、お墓参りをするようにもなった。

埼玉に住んでいる妹は日帰りではなかなか来ることができなかったが、私達が一泊するような時は来てくれて、女ばかり四人で外食を楽しんだりした。

高齢になってもひとり元気に過ごしてくれている母に感謝しながら、せめて月に一度だけでも母の様子を見に行くことが親孝行と、自分達を納得させてもいた。

ほんの五時間程度だったが、母が亡くなるまで十六年の間、それは続いた。

母は何事にも積極的で、知り合いがいなくても一人で集まりに参加する人だった。横須賀の大学での高齢者調査にも協力し、血液検査、体力測定、聞き取りなど、その時々の話もいろいろ聞かせてくれた。

ある時、こんなことがあった。

「私の血液型、O型じゃなかったの！」

「えっ……！」

驚く私達に、嬉しそうに、

「B型だったの……」

父に従順で穏やかな母だったので、みな何かにつけ「O型だからね〜」と言っては、もっと父に言いたいことを言えばいいのに、と代わりに腹を立てたりしていたのだった。

父が亡くなって初めて分かった血液型。八十年もの間一度も血液検査を受けたことがなかったのも不思議だったが、いろいろな書類にいつも「O型」と記入していたと聞き、大笑いになった。

そして何事にも積極的で物怖じしないのは、この「B型」のせいだったのか、と妙に納得した。


ある休みの日、横須賀中央あたりに買物にでも行こうとしたのか、母は一人で出かけた。野比の駅で、近所の顔見知りの人達数人と一緒になり、

「まだ乗れるわよ～！」

とエレベーターに誘われたが、母はエスカレーターでホームに向かった。そしてエスカレーターに乗りながら財布か何かいじっていたのか、突然体勢を崩し、頭から後ろへ倒れてしまった。

そのまま上まで運ばれ、近所の人達に見つかり大騒ぎになった。病院に運ばれる救急車の中から私に電話があった。

「こちら横須賀の救急隊ですが、今お母さまを横須賀の共済病院にお連れしますので来ていただけませんか？」

「わかりました。二時間くらいかかりますが、よろしくお願いします」

頭に怪我をしているが、しっかりしていると聞きホッとした。五月の連休中は横横バイパスが混むので、電車の方が早いだろうと、一人で病院へ向かった。

救急外来へ行くと治療室の前のベンチに一人座っている母がいた。ガランとしていて他に誰も居なかった。待ちくたびれたのか、疲れたのか頭を垂れ、やけに寂しそうに見えた。頭に白い網のようなものを被せられ、着ている服は血だらけだった。

「お母さん、大丈夫？」

「あぁ、ひろ子、ありがとう」

治療室で先生から話を聞いた。

「頭の骨は大丈夫です。てっぺんを七針縫いましたが、糸は自然に吸収されますので、もう来なくていいですよ」

母と二人タクシーで家に向かった。母が思ったより元気で安心した。家に着きタクシーを降りると、近所の人から聞いたのか、母と付き合いのある友人が私達を見て近づいてきた。

「ご心配をおかけしました」

母が言うと、友人は私に向かって、

「あなたが娘さん？」と睨み、

「こういうことがあるんですから、お母さんをしょっちゅう連れ出すのはやめてください」

怒ったように言った。

（えっ！　なんなんだこの人は……？）

そう思っていると、母が、

「あなたね、私にずうっと家に居ろとおっしゃるの？　私はいろいろ用事があって出かけるんですから、そんなことは言わないでください！」

まだ他にも何か言っていたが覚えていない。とにかく母が他人に向かって（私達にもだが）こんなに声を荒らげるのを初めて見た。私も、母の友人も口を開けてポカンとするしかなかった。

母は言うだけ言うと私を促し家へ入った。母の友人も帰っていったが、友人にしてみたら、大事な友達が救急車で運ばれたと聞き、きっと心配で心配で居てもたってもいられなかったのだろう。

母は昔から何か嫌なことや、理不尽なことを言われても反論や口答えなどしない人だった。何か言うことによって、お互いに気まずい思いをするのを何よりも嫌った。今回は自分ではなく、娘の私が怒られているのが我慢ならなかったのだろう。

こんな一面もあったのだ。

実家からの帰り、野比の駅で駅員さんに挨拶をし、母が迷惑をかけたことを詫び、エスカレーターに乗った。長いエスカレーターの真ん中あたりに来た時、右側の壁にたくさんの血が飛び散っているのが目に入った。母が転んだのはここだ、と教えてくれているようだった。この血もエスカレーターを止めて拭き取るんだろうな……と思いながらホームで電車を待った。

母はその後も、その友人とは変わらぬ付き合いを何事もなかったかのように続けていた。

母は、父の十七回忌を済ませて二か月ほど経った頃から、よく家で転倒するようになった。

不安になったので、介護認定をもらい、十月からデイサービスやショートステイも利用するようになった。

その十二月、家で倒れているところをデイサービスで迎えに来た職員に発見され、入院した。私や姉、妹、平塚の叔母も病院に駆け付けた。

翌日、母は脳出血で亡くなった。

九十七歳だった。

倒れる前日までラジオ体操にも参加し、老人会やお茶会なども欠かしたことがなく、同年代の方を気遣っては訪ねる優しい人だった。

仏壇に残されていた遺書には、
・私達姉妹が仲良く過ごしてくれること

・葬儀は身内だけで静かに行って欲しい
・近所の方達がお焼香に来たいと言った時は普段着で何も持たず、お線香だけをあげてくれればいい

等々細かく書かれていた。

私達には真似のできない見事な生き方だった。


母が亡くなって遺品を整理している時に、母が書いた、母自身の子供の頃の思い出の文章を見つけたので次に紹介したい。

父が亡くなった後に書いたものと思われるのだが、その時母は、既に八十一歳を超えていた。

何十年も前の出来事がこんなに詳しく書けるものかと、姉や妹と顔を見合わせた。

細かく書かれた当時の地図まであった。

思い出（母の記憶）

左が酒屋さん、右が床屋さんの間の路地、人が二人並んで歩けるくらいの細い路地、猿町六番地。酒屋さんの裏手の二階家、私が生まれて物心ついた時はそこだ。

父と母が北海道から二人の男の子を連れて東京に出て来たのだ。初めは早稲田にひとまず落ち着いたそうだが、同郷の人（私が思うには木谷さんだと思う）の世話でそこに居を移した。

一番上の兄は諒、大正二年三月十八日生まれ、二番目の男の子は登紀男、大正四年七月二十一日生まれ。父は二人の男の子の将来を思い、一大決心で東京に出て来たのだ。

父の父即ち私達にとって祖父となる人は福井県坂井郡浜坂の人で、そこで父は生まれた。その後祖父は、北海道利尻郡仙法志というところに渡り、おそらく漁師であったと思う。父に「お父さんの誕生日は？」と聞くと、本当は八月だが戸籍は二月七日で生まれた年も戸籍とは違い、小学校に上がった時は何でもよくできる子で飛び級をしたということであったが、いつも誕生日を聞くとその話になるので、父の誕生日は正確にはとうとう分からずじまいであった。

父の上には栄吉さんという兄が居り、父は次男であるから子供の教育のため利尻を出て東京に来たのであった。

私はそこで大正九年三月十六日に生まれた。

次兄とは五歳離れていた。私が物心ついた頃にはバイオリンをよくひいている学生が二人居た。その家は比較的広い家でこの路地の中で二階家は私の家だけであった。少しでも生活の足しにと、おそらく二階を学生に間貸ししていたのだと思う。

東京にきた頃、常名《じょうな》というのは珍しい名なので郵便屋さんが「トキナさん」「ジョウミョウさん」と大きな声で呼んでいたと母が言っていた。

家の横には少し広い空地があり共同水道があった。そこでおかみさん達が米をといだり洗濯をしたり、又井戸端会議の場所でもあった。

この路地は男の子が多く、その空地に集まってべーゴマやメンコ等もしてよく遊んでいた。頭の上のたらいのような桶に苔を敷き、棒のついた飴をぐるりと差して唄を唄いながら飴売りがやって来たりした。

その空地の先はテイちゃんのおばさんの家で男の子が三人居り、家の前は磯崎さんで男の子が一人。何軒か先に通いの魚屋さんの鈴木さんの家があった。鈴木さんには晴子さんという私より五つ上の女の子が居り、その隣は内藤さんで登紀男さんの友達の男の子と綺麗なお姉さんが住んでいた。

時々母が琵琶の真似をするところを見ると琵琶の先生も住んでいたらしい。鈴木さんの家にはよくおばさん達が集まった。どこから来るのか若い女の人が時々来て、その人は林長二郎のファンで活動写真の話を面白おかしく話して聞かせ、母達は一生懸命それに聞きほれており、時にはボッタラ焼き（今川焼）を買いに晴子さんと二人で行かされた。路地を出て左に五、六軒目くらいの風呂屋の手前のお店だった。目黒に移ってからもよく行った。およしさんも時々メンバーの中に居た。晴子さんの家の奥の座敷にはケースに入った大きな日本人形が飾ってあった。ある時は悲しそうに、ある時は笑っているようで、この人形には魂があるのかといつも気になって晴子さんの家に行く度に眺めていた。

晴子さんは「もらいっ子」だといつの間にか思うようになった。常磐津だか何だかのお稽古をして、そこが違うとかよくおばさんに叱られていた。晴子さんが家に来ると二人で二階に上がり廊下に座り、手すりのところから足を出しブラブラさせながら広場を眺めた。

ある時その路地の向こう側の路地の方から来た悪ガキのポンちゃんと登紀男さんが取っ組み合いのケンカになり、親が止めてもどうにもならず、家に入って母が泣いた。私ももらい泣きして泣いた。

路地の奥を抜けると風間さんという立派な家がある。ある時、私のことを「この子はおとなしい」からとその女中さんが迎えに来て、二度位遊びに行ったことがある。女の子が二人居てお屋敷にはハイカラな家具があり、玄関もお庭も広かった。お勝手にはアイスクリームを作る機械があって、食べたこともないアイスクリームをご馳走になった。

その家の前の通りの右側は石段で、下ると他の町、左側の道を行くとお屋敷が並んでいた。その中に塩沢さんという家があり、そこの女中さんが反物を持って時々家に来た。母が内職に縫っていたらしい。あとで聞くと養命酒の会社が実家だということであった。その先を行くと大通りに出る。左は高輪で右は八ツ山下にゆく。十月十二日は池上本門寺のお会式で高輪の方からぞくぞくと赤々と火をつけた万灯が通る。夜は寒いので綿入れの羽織を着せられて見に行ったものだ。ある時はその道を殺人犯が送られてゆくので、みんなで今か今かと待ってとうとう何も見なかったこともあった。その道の前には長い塀があり、その塀に沿って左に曲がると北白川の宮様のお邸《やしき》であった。御大典の時でもあったろうか提灯行列でお邸のお庭まで入ったことがある。

そこからずっと坂道を下ると品川駅であったから今のプリンスホテルは北白川宮の邸跡であるのだろう。品川は当時はまだアサリが採れたらしく、母は例の仲間達と赤ん坊であった私をちゃぶ台の上に寝かせてアサリを採りに行き、帰って来たらちゃぶ台の上から落っこってまだ寝ていたとのことであった。よく寝る子で後々まで「あんたを起こしていると地震があっても間に合わなくなるから起こさないよ」と母から言われた。

地震といえば関東大震災もその地で遭った。

大正十二年九月一日十一時五十八分、数え年四歳の私はあまり覚えていないが、母がお櫃を持ったままウロウロしている姿、その母の頭の上にぶら下がっている電気が天井につくほど大きく揺れていたのがハッキリ目に残っている。

九月一日は学校の始業式があり、私は誰か分からないが、よそのおばさんに手をひかれて交番のところから小学校の方に曲がって行ったことを覚えている。島村さんの屋敷にみんな逃げろということで、母は兄達の帰りを待って後から来たらしい。その夜は朝鮮人が攻めて来るという流言飛語《りゅうげんひご》（註・震災後、「朝鮮人が井戸に毒を入れた」というデマが広がり、市民や警察によって朝鮮出身の人が殺害されるという事件が起きた）で母達は炊き出しをし、男は鉢巻をし、棒を持っていざという時は戦う覚悟であったらしい。

父は深川から歩いて帰る途中、浅草十二階（凌雲閣）が倒れているのを見たということであった。菊治おじさんがなかなか帰らず、朝鮮人に間違われているのではないかと心配したそうだが、やがて帰って来て、私達の町は火事などもなく無事にみな揃い、しばらくは余震があるので外に蚊帳を吊って寝たということであった。この時は東京中死者が出て、後々まで震災記念日にはみな、亡くなった人を悼み黙とうしていた。東京では火災があり被服廠《しょう》ではおびただしい人が死に、又川の中に逃れ頭が焦げてしまったとか後々まで話の種であった。

関東大震災というとおり、その地震は東京ばかりでなく横浜も被害があった。

大正十四年二月に妹が生まれた。母が何か用をしているすきに赤ちゃんが可愛いので、お外を見せてあげようと抱っこして廊下のところに出てそのまま庭に転げ落ちた。赤ん坊の泣き声で母がすっ飛んで来たが、私のお腹の上に赤ちゃんが乗っかっていて二人とも無事であったが、ひどく母に叱られてその後は赤ちゃんを抱かしてもらえなかった。
「えっちゃんは泣くと、オーイオーイといつまでも泣いて泣き止まなかったね」と、どこのおばさんか忘れたが言っていたが、その時もきっと長泣きをしていたのだろう。その泣き虫はいつまでも治らず大きくなっても又泣くと叱られ、そうすると私は臭いけれど便所に入ってこらえた。

大正十五年小学校に入る頃、猿町二十一番地に引っ越しをした。岡田さんという大家さんが新築の長屋を四軒建て、そこは路地から大通りに出た向かい側の薬屋さんと団子屋さんの間を入り、左に折れた一番端の家であった。菊治おじさんが肩にかける赤いカバンを買ってくれて私はそれを大事に持って引っ越しした。兄達は高輪小学校であったが、私は白金小学校であった。お隣は野沢さんで、ゾロッと男の子が四人も居り、末っ子のチャ子ちゃんが私と同い年で一緒に学校に上がった。私は小さいので、セーラー服を買ってもらったがあっちこっちに上げをし、ダブダブの朝鮮靴であった。雨の降る時のカッパは大きいからと洗濯バサミで止めてくれたが、学校までかなり道のりがあり苦労した。

はじめは木造の古い校舎であったが、やがてコンクリートの新しい学校ができて、古い校舎の時は石板など使った覚えがある。

新しい学校の校庭の真ん中には大きな桜の木があり、屋内体操場もある立派な学校であった。先生は藤原先生という小太りの女のやさしい先生であった。古後さんという女の子がいて私とどっちともいえぬ一番小さい子であった。

それでも勉強は少しは良かったらしく、一年の終わりに金兎状をもらい、諒ちゃんが「ホーッ」と言って喜んでくれたのを覚えている。（原文のまま）

◆

数か月後、母が娘時代に通った「目黒高女（現東京都立目黒高等学校）」から会報が届いた。

勉強が好きな母で、長兄（諒）が反対する母親を説得して通わせてもらった学校だった。毎年届く会報にも近況を知らせていたのだろう。母が亡くなったことを記し返信した。

Ⅱ

出会い

私は高校卒業と同時に大手の電機会社に就職した。

本格的な就職前、卒業から間もなく、会社からの依頼で私の通う高校から私ともう一人、他の高校から二人、計四人が、三月末までだったか、人事課の名簿の書き替えの手伝いをすることになった。

南武線の向河原駅からすぐのところに会社の人事課があり、二階建ての建物の中の会議室で四人、机に向かい黙々と筆を走らせた。

時折、職員が監視のためか、単なる暇つぶしなのか中に入り込み、私達の仕事ぶりを観察したり無駄話をしたり、たまにおやつを差し入れてくれたりした。

学校と違い、昼休みまで休み時間はない。初めは緊張しながら仕事に集中していたが、何日かすると仕事をしながら会話もできるようになっていた。お昼休みに何を食べたか思い出せない。会社の売店で何か買ったのか、お弁当を持参したのか……。ただ、一時間の休み時間が楽しくて、四人でかくれんぼをしたり、鬼ごっこをして建物の中をあっちへ走ったり、こっちに隠れたり、見つかるとキャーキャー騒いだ。

ある日遊んでいると、他の会議室から男性が顔を出し、「お客様と応接中だから静かにしなさい！」と怒られた。会社って昼休み中でも働いている人が居るし、騒ぐところではないんだ、と気づいた。学校の制服を着ていたので、そんなにひどく叱られた訳ではないが、四人で反省したのを覚えている。それ以来、遊びはしなかった。

四月一日の入社式を迎え、希望を持って式に臨み、そのあと配属先ごとに分けられた。

てっきり私は人事課に配属されるものと思い込んでいたので、武蔵小杉に近い、人事課からは一番遠い部署に案内されてひどくガッカリした。

一緒にアルバイトをした四人はバラバラの部署だった。その中でとびぬけて綺麗な、同じ学校の友人が人事課に配属された。後に彼女は人事課の人と結婚した。

仕事は楽しかった。お茶汲みをするのも新人の女性の仕事、と私はいつも三十分程前に出社し、大きなやかんでお湯を沸かし職場の掃除を始めた。タバコの吸い殻を捨て、灰皿を洗い、机を拭き、給湯室で湯呑みの準備をした。

先輩のお姉さん達がやさしく教えてくれた。二、三十人程の人達にお茶を配りながら各人の茶碗と名前を憶えていく。それぞれの茶碗とその人の顔が一致していくのが面白かった。

この頃は、事業場全体でのバス旅行や運動会、スキーなどの催しが毎年開催されていた。

事業部主催のバス旅行、職場での日帰りハイキングや一泊旅行などにも参加し、ソフトボール大会にも駆り出された。

仲の良くなった友人達と会社の保養所を利用しては、夏のプールや卓球、軽井沢へと、仕事以外の楽しみもたくさん味わっていた。

入社して四年目、私が二十一歳の時、のちに夫となる邦夫が、出向先の会社からこの職場に戻ってきた。

「三十過ぎて独身だって！」

この当時、女性も男性も結婚が早く、どちらも二十代で結婚するのが普通だった。

「どんな人だろう……？」

興味津々で迎えた日、背の高い優しそうな人が挨拶をした。すごく大人に見え、後にその人と結婚することになるとは思いもしなかった。

邦夫は係が違うにも拘らず、よくコピーを頼みに来た。仕事が忙しくない限り私はニコッと笑って引き受けた。コピーは得意だった。

その年の夏、職場の人達と伊豆に海水浴に行った夜のこと。夕食後、民宿の一室でみんなでワイワイ雑談していた。ふと顔を上げると邦夫と目が合った。「こっちに来て」と言うように手招きされ、近寄ると、

「マッチ棒で字を書くから声を出さずに読んでみて」

と言われた。

「クイズ？」

ひとつ字を作っては壊し、次の字を作っていく。

読んでいくうちに「ツキアッテクダサイ」と読めて、胸がドキドキした。他の人に気づかれないよう元の場所に戻りおしゃべりを続けた。

その夜はなかなか眠れなかった。


その冬、私は友人と仕事帰りに簡単な食事とおしゃべりを楽しんで帰路についた。横浜駅西口のダイヤモンド地下街を抜け、階段を上って天理ビル前の道路に出た。いつものようにハンドバッグをブンブン振り回し、鼻歌を歌って歩きながら、ふと前方を見ると、呆れたような笑いを浮かべてこっちを見ている邦夫がいた。

「どうしたの?」

と聞くと、

「ちょっと、ついて来て……」

と、駅近くのコインロッカーまで案内された。

「ここの鍵。持って帰って……」

ロッカーの鍵を渡すと、邦夫は東横線で帰っていった。

「何だろう？」

ロッカーを開けてみると、袋の中に大きな赤と白のワイングラスがひとつずつ、それぞれに小さなろうそくの粒がグラスの六分目ほどまで入っており、中央に芯が見えた。

「えーっ！　おしゃれ！」

これを渡すためだけに寒い中、待っていてくれたのか……。いつから待っていたのか、会えなかったらまた明日もここで待つつもりだったのか？

何年か経ってから聞いたことがあったが、邦夫は「忘れた」と笑っていた。

邦夫は東横線の元住吉駅近くに、兄夫婦と姪、母親と同居していた。仕事はいつも深夜に及び、夕飯は外食をすることが多かった。

そして駅近くの「アミーゴ」というバーによく通っていたが、深酒は決してしなかった。

結婚を決めてから一度、二人で訪れたことがある。私はお酒が飲めないので、バー自体、初めて入った。小さいけれど居心地のいい感じで、綺麗なお姉さんがカウンターの中に居た。お金持ちの令嬢が趣味でやっているような気もした。

邦夫と店のママ、不動産屋のみっちゃん、他二人でよく雀荘で麻雀もしていた。

結婚してほどなく、サウジアラビアへ家族一緒に赴任することになった邦夫のお姉さん宅の留守番を頼まれ、私達は半年ほど元住吉に住んだことがあった。邦夫の実家から四分ほどのところで、周りには親戚がたくさんいた。

休みの日、邦夫はその家でたまにママ達と麻雀をするようになった。ある時メンバーの一人が予定した日に来られないと知った邦夫が、私に同席を求めた。父から家庭麻雀を教わり、よく遊んだりしてはいたものの、私は本当の上がり方など知らず、役も分かっていなかった。

だから「無理！」と断った。

そんな私に、邦夫は三日間ほど麻雀というものと上がり方を丁寧に教えてくれた。

「お前が負けても俺が取り返すから好きにやってみろ」

その麻雀牌は「アミーゴ」のママからの結婚祝いだった。

そのうち点の数え方も教わり、実家で遊ぶ時は私が点数を数えるようにもなった。

一度、長男の明を抱いて「アミーゴ」を訪ねたことがある、ママからいただいた縦縞のパンタロンを穿いて。

そのママもいつだったか忘れたが、早くに亡くなったと知らされた。


私達は昭和四十五年十月、夫婦になった。

私二十二歳、邦夫三十一歳の時だった。

邦夫は手のかからない人だった。

結婚してから初めて出勤する日、私は邦夫の下着、靴下、ワイシャツなどを枕元に用意しておいた。だが邦夫は、起きると自分の洋服ダンスからそれらを取り出し、次々に着始めた。私の用意したものなど見向きもせずに。

『この人は自分のことは自分でやるんだ』

翌日から用意はしなかった。

会社の人達と飲んだり、宴会があった時など、どんなに飲んできても、どんなにつらそうでも、邦夫は自分の服をきちんとハンガーにかけ、寝巻に着替えて寝た。私の手を煩わせることはなかった。

子供の頃、父が酔っぱらって帰って来た時は、家族総出で父の靴を脱がせ、部屋まで引きずり、服を脱がせ、布団に寝かせるのが大仕事だった。男とはこういうもの……と、ずっと思っていた。

「ラッキー！」

宝くじに当たった気分だった。かいがいしく世話を焼くのは私の性に合っていなかった。


邦夫は他人のうわさ話や悪口など言わなかった。嬉しいこと、面白いことはよく話してくれたが、会社での嫌なこと、悩みなどは決して家に持ち込まなかった。

ある時私は邦夫に不満があり、一人で腹を立てていた。邦夫は私が何で怒っているのかを知ろうともしなかったが、その状態が少々長引いた。そして言われた。

「何で怒っているのか分からないけど、そういう態度をされると会社であった嫌なことを思い出すからやめてくれないか」

初めて叱られ、子供じみた自分を反省した。

その後も私は一人で不機嫌になることはたびたびあった（どんな理由だったのか今では思い出すこともできないが、本当に些細で言うのも恥ずかしいようなことだったろうと思う）。なるべく早く機嫌を直そうと努力をしたが、私にとってそれはなかなか難しいことだった。

ひとり悶々としていた。何しろ唯一聞いてもらえる邦夫にすら何も言えないのだから……。


邦夫は五十歳の時からの五年間と、六十歳で定年になってから関連会社での五年半を単身赴任で過ごした。どちらも埼玉の本庄で、二回とも同じマンションの同じ部屋に住んだ。

一度目は引っ越しの時に私がついて行き、いろいろ道具を揃えたりした。二度目の時は私が居なくても子供が自分で何とかできる年頃になっていたので、その年の十一月頃、邦夫の部屋を掃除でもしてあげようと一泊で訪ねた。

夜は行きつけの料理屋で食事をご馳走になった。

翌朝、起きるとすぐに邦夫は洗濯を始め、掃除機をかけだした。

「私がする」と言うと、

「ここは俺の家だから」と言われ、
掃除が終わると「パンを買ってくるから待ってて」と出かけていき、珈琲を飲みながら焼きたてのパンを食べた。

洗濯が終わると、寝室に置いてある簡易的な物干し竿に洗濯物を干しながら、

「これ、すごく便利なんだよ。乾いたらそのまま着られるから、タンスにしまう必要がないんだ」

「へ～、なるほどね……」

感心しながら邦夫の様子を見ていた。

そして、そこからほど近い群馬県の鬼石という桜の名所に連れて行ってくれた。山一面に小さな薄桃色の花をびっしりつけた何千本もの桜の花が満開を迎えていた。春

の桜とは違い、地味ではあったが美しかった。そのあと妙義山にも案内してくれ、私はまるでお客様だった。

　埼玉に行ったのは最初の一回と、この一回、たった二回きりだった。

　邦夫はゴルフが好きで、会社の人達や、地元の人達とコンペをして楽しんでいた。そして横浜の人達とゴルフをする時だけ我が家へ帰って来るような生活だった。私が行かなくても大丈夫だった。

　私達はお互いに好きなことをして楽しんでいた。

　私は子供の頃から他人に悩みを打ち明けたり、心配事を相談したりするということをしなかった。親にも、姉妹にも。何でも一人で抱え込み、弱みを見せなかった。弱虫だったのに……。

　結婚して初めて心の内を吐き出せる相手ができた。どんなつまらないこと、くだらない悩みも邦夫は静かに聞いてくれた。特に助言がなくとも本当にただ聞いてくれる、それだけで胸の内がスッキリした。

「どうしたらいい？」と聞くと、

「大丈夫、時間が経てば忘れるよ」と。
本当にその通りだった。ただ私の悩みは本当に些細なものばかりだったのだ。

その邦夫が、いなくなった。
結婚して五十一年と四十五日が過ぎていた。

別れ

二〇一五年三月末の日曜日。私は用事があり、朝食を先に済ませていた。

「出かけてくるね」

食事をしている邦夫に声をかけたが、手元が震え、箸が使えない様子。少し熱っぽくもあった。出かけるのをやめ、近くの病院に行くことにした。タクシーを呼ぼうとしたが、

「大丈夫だよ」と邦夫が言い、

「そう？」と邦夫の運転で出かけた。

休日外来で診察を受けたが、

「ちょっと調べないとなぁ……」と医師。

「ではまた明日来ますね」

「ダメダメ、腎臓の数値がおかしいからすぐ入院」

ということになった。

（私があの車を運転して帰るのか……？）

そっちの方が心配だった。大きな車は苦手で、運転をしたくなかった。

その日のうちに入院はしたものの、そこは腎臓担当の医師が一人しかいないため、翌日「聖マリアンナ医科大学横浜市西部病院」に転院した。病名は「右結石性腎盂腎炎」、即手術となった。

その際、「飲んでいる薬を教えて」と言われ、邦夫の引き出しから見つけたのが糖尿病手帳だった。邦夫は幾種類もの薬を毎日、朝・昼・晩と飲んでいたが、「何の薬？」と聞いても「恥ずかしくて言えない」といつもはぐらかされていた。

この五日間の入院で、邦夫は「せん妄」状態に陥った。手術の後、病室へ行くと邦夫は両手をベッドの柵に縛り付けられ、手には大きなミトンのような手袋をつけられていた。

「点滴を外そうとするので……申し訳ありません」

その日から毎晩簡易ベッドで付き添うよう言われた。本人は、自分がどういう状態なのか、何をされているのか全く理解できず、不安だったのだろう。私に気づくと嬉しそうに目を輝かせた。まるで子供のようだった。

「家族が来るとみなさん、顔つきが変わるんですよ」

そう言われたが、今になってみればこれも認知症の初期症状だったのかもしれなかった。

退院時に先生から、

「一度認知症を調べてみるといいですよ」と言われ、知識のない私は近くにある病院で簡単な診察を受けさせた。問診だけで、やはり「せん妄」と言われたが、薬は断った。退院してからは元の状態に戻っていたのであまり心配はしていなかったし、気休めの検査だった。三か月後に二度目の認知症検査を受けたが、症状は更に良くなっていた。

この入院を境に、長男が使っている小型車と邦夫の車を交換した。車の運転は私がするようになり、二年後、邦夫は免許の返納をした。

腎臓の中に残っている石を砕く破砕術と腎臓の検査で、弥生台の国際親善病院へも通った。

八か月の間に破砕術を四回、その後の検査も含め、二年間通ってようやく解放された。


二〇一六年の冬、邦夫はアルツハイマー型認知症と診断された。

「何となくおかしい……」と邦夫の姪、幸《さ》っちゃんから、新横浜の総合医療センターで一度診てもらったら、と言われたのだ。幸っちゃんの友人の母親と様子が似ているから……と。

十一月に診察を受け、その結果を聞きに行った十二月二日、「認知症！」と驚いた私は、邦夫と二人で主治医のもとに、診断書を持ってそのまま車で駆けつけた。

「投薬によって感情が不安定になる場合もあるので、静かに年を越し、年明けから薬を飲むことにしましょう」

慌てていた私も、先生の言葉でようやく落ち着いたが、ショックで途方にくれた。

二〇一七年一月から認知症の薬を飲み始めた。埼玉での単身赴任中の不摂生からか、糖尿病や高脂血症で、先生にはずっとお世話になっていた。

そして認知症と診断され、不安を抱えながら地域の包括センターへ相談しに行った。横浜市から介護認定の方が判定に来てくれたが、支援も、介護も非該当だった。ひとりで買物にも行けるし、服も着られる、風呂にも入れるし散歩もする。受け答えが少しおかしいものの、日常の行動は、特に問題はなかった。

二〇一七年十二月に私の母が亡くなり、家の整理やもろもろの手続きのため、姉や妹と実家に泊まることになっても、邦夫は留守番をしてくれた。

食べるものを少し用意するが、

「自分で買いに行けるから」

と気を使ってくれ、安心して出かけた。

「今日は泊まるから」

「明日の夕方、帰るから」

など、私は小まめに電話もした。姉から「あんたは邦夫さんにやさしいねぇ」とよく言われたが、落ち着いてゆっくりやさしく話さないと、邦夫は混乱してしまうのだった。

二〇二〇年二月に実家の売却が無事完了した頃、新型コロナウイルスが蔓延し始めていた。

その年の初夏、昼間いつものように、

「パンを買ってくる」

と邦夫が言うので、私の分も頼んだ。しばらくして、何も買わずに帰って来た。

「店はやっているんだけどなぁ、中に入れないん……だよ」

何を訳の分からないことを言っているのか、とお腹のすいた私が買いに出かけた。

店に着くと入口に貼り紙がしてあった。

『コロナのため、入店は三名まで。あとの方は外で並んでお待ちください』

「ははーん、こういうことか」

ようやく納得し、パンを買って帰った。

この頃からマスクの着用、手指の消毒、ソーシャルディスタンス等々厳しく言われるようになり、邦夫も一人では買物に行かれなくなっていった。

以前から主治医に、

「お酒もタバコもやめた方がいいですよ」

と言われていた。

腎盂腎炎を患ってから、主治医の元にはいつも私が付き添い、話を聞くようになった。

血液検査をするたび、

「いい数値ですよ。この調子で頑張ってください」

毎日、お酒もタバコも嗜んでいて、甘いパンやお菓子も大好きなのに、数値はいい。

認知症と分かってからも、

「何の楽しみもないんだから、全部取り上げたらかわいそう」

と子供達とも話し、邦夫の好きにさせていた。

そしてお酒、タバコは私が買うようになった。

大好きなウイスキーはやめてビールだけにした。一緒にコンビニに出かけ邦夫を外で待たせ、出てくると邦夫に持たせせて帰った。

そのうちビールを「ノンアルコール」にしてみた。以前は、ノンアルコールなんて飲めるか！　と言っていたのに、「どうぞ」と差し出すと、

「あ〜っ、おいしい！」

と嬉しそうに笑う。

タバコもだんだん本数を減らし、そのうち渡すのをやめてみた。二週間ほどたつと灰皿を持って中をしげしげと覗き込んでいる。

「どうしたの？」と聞くと、

「これは何かなぁ？」

タバコのことはすっかり忘れていた。

二〇二〇年の末に要介護2の判定をもらい、翌年の二〇二一年の一月からデイサービスへも通うようになった。

ケアマネージャーの山本さん（仮名）という人がものすごくテキパキした人で、何でも相談に乗ってくれた。頼りがいのある人だった。

比較的新しくこぢんまりした施設を選んだ。

初めは週二回、朝九時から昼食をはさみ、十七時まで面倒を見てくれるので大助かりだった。何か用事ができた時も施設に電話をするとすぐ予約を入れてくれ有難かった。

友人と会ったり、趣味のダンスや孫の面倒も見に行けたりもした。心配せずに過ごせることの有難さを痛感した。

「認知症の治療には、他の方達との交流が一番のお薬です」

と言われ、六月から週三回お願いするようになった。

九月頃から時折咳が出るようになったが、老人にはよくあることと心配はしなかった。

十月に入り主治医に咳止めの薬を処方してもらい、その旨、介護施設にも報告をした。

そのうち、デイサービスから帰って来る時、三階の我が家まで階段を上がって来るのがつらそうな日が増えた。

付き添いの職員と、

「体力がなくなりましたね」

「運動不足かしら？」

などと話すことが多くなった。

十一月一日、デイサービスの日も咳がひどかった。この日がデイサービス最後の日となった。

翌日、主治医のもとを訪れると、

「レントゲンを撮りましょう」ということになり、見てみると、パソコンの画面に映った邦夫の右肺の下、半分以上が真っ白になっていた。

「これ、肺炎ですか？」

「いや、肺炎じゃないかも……」

先生に、近くの大きな病院への紹介状を書いておくからと言われ、夕方それを取りに行った。

「電話してから行ってね」

と念を押され、三日は祝日のため四日に電話をかけた。紹介状の件を伝えたのだが、

「今、呼吸器内科は手一杯で新規の患者さんは受け入れてないんです。この科にかかったことのない方は申し訳ありませんが、他の病院を当たってください」

と丁重に断られた。この日、主治医は休診日だった。五日の金曜日に紹介状を持って相談に行った。

「ちょっと待っててね」

そう言ってどこかへ電話をかけ始めた。

「新緑病院が今日の十四時半以降に診てくれる、と言ってくれたので、この紹介状をそのまま持って行きなさい」

もしかしたらこのまま入院になるのかな、と思い、車はやめて予約したタクシーで邦夫と病院へ向かった。

待合室は混んでいた。多分時間がかかるだろうと思っていると、思いのほか早くに

名前を呼ばれた。紹介状と電話が効いたのかと診察室に入って行くと、

「何でこんなに早く呼んだのかと言うとね」

と、先生が難しい顔をして話し始めた。

「二月のレントゲンでは肺はこんなにきれいだったのに、たった九か月でこんな状態になるということは、肺結核か肺癌のどちらかに間違いないんだ。肺結核だとしたら、待合室に菌をバラまかれては困るので、救急の処置室に移動してもらいます」

看護師さんが用意した車椅子に乗せられて、邦夫は別棟に向かった。私は廊下で待つことになったが、邦夫がトイレやCT検査で出て来るたび、「近寄らないように」と距離を取らされ、移動させられた。こんなに注意深くするんだ、と感心しながら座っていると、白衣を着た先生が、

「こんなことしてると外来が大変なことになる！」

ブツブツ言いながらどこかへ行ってしまった。どういうことかと思っていると、しばらくして他の先生（この先生も全身白衣）が、

「私が小島さんを担当します」

とやって来て部屋に入っていった。中で看護師さんや先生が邦夫の周りでワイワイやっている。そのうち私も呼ばれた。

「痰を取って調べたいんだけど、頑として言うことを聞いてくれなくて困ってる。四日分、痰を入れる容器を渡すから、取れたら夕方四時までに届けてね」

と袋を渡された。

「タクシーで帰っていいですよね？」

恐る恐る聞くと、

「本当はそれもダメなんだけど……ね。バスは論外！」

心の中で「どうか結核でありませんように」と祈る思いでタクシーを呼び帰宅した（癌の方がいいという訳じゃなく、帰るのに必死だった）。

痰なんてすぐ取れる……そう思っていたのだが、邦夫がトイレに流したりすぐ飲み込んだり、なかなか難しかった。

土曜、日曜は収穫なし！　月曜にカルピスを飲んでいる時、むせた拍子に痰が出てきた。また飲み込まれたら大変と、邦夫の持っている、空に近いコップに吐き出してもらった。カルピスが混じっていたが、ダメ元で容器に移し病院に届けた。

火曜日も一日中邦夫のそばにコップを持って張り付いた。だんだん疲れてきたし、邦夫もそのうち私を「……？」という目で見るようになった。もう十六時には間に合わない時間になって、病院へ電話をかけた。担当の先生は休みで、電話口にいたのは前回先生と一緒に対応してくれた看護師さんだった。

「先生は明日出てこられますが、私は休みです。今の件を先生にメモし、明日、先生の方からそちらに電話させるよう必ず伝えますので、今日はもう痰のことは考えずゆっくり休んでください」

涙が出るほどうれしかった。肩の力が抜け、ソファに倒れ込むと同時に疲れがドッと出た。


翌日の昼、先生から電話があった。

「先日の痰の中に結核菌はありませんでした。ＣＴ検査の結果は進行性の肺癌で、すでに骨と肝臓に転移しており、胆石もあります。痛みもかなりあると思うんだけどなぁ……。来週の十五日、午前十時半に予約を入れたので来てください」

肺がん？

二〇一七年六月末から、口の中のできものを調べるため、邦夫は労災病院に通っていた。二〇一八年にそのできものが癌化し、五月末に手術で取り除いた。

この時も病院から夜は付き添うようお願いされた。邦夫の朝食が終わると帰宅し、風呂に入り洗濯をし、また夕方病院に駆け付け、たった四日間だったがクタクタになった。その後も経過を見るため年に数回通い続けた。

手術前の二〇一八年五月一日と二〇二〇年十二月七日（まさに邦夫が亡くなる一年前の日）の二回、新横浜の専門病院で癌のＰＥＴ検査も受けさせられた。癌の兆候は全く見られず、だから邦夫が癌になるなんて想像もしていなかった。

この日、ケアマネの山本さんに電話をかけた。

「入院することになったら不要になりますが、四、五日でも介護ベッドって利用できますか？」

「大丈夫ですよ。入院になって利用しない場合、費用は発生しませんから」

その日の十七時、介護ベッドが届き、邦夫は気持ちよさそうに横になった。

十五日、長男の明が車で来てくれ、次男の猛も付き添うため我が家へやって来た。

病院に出かける時間になり、明と猛に「お父さんをお願いね」と言って仕度をしているると、二人が血相を変え私の元にすっ飛んで来た。

「お母さん、ダメだ！　お父さん俺達のこと、部下だと思って、早く帰れ！　って怒り出しちゃったよ」

私が行くと、邦夫はベッドに腰を下ろし、

「すいません……もう体力がないんです。病院には行けません……」

情けないほど哀れっぽかった。

「約束してあるんだから……」

「検査してもらわなくちゃ……」

いくら言っても頑として拒み続けた。仕方なく病院へその旨電話すると、

「うちの相談員とそちらのケアマネさんとで相談してもらいましょう」

と言われ、しばらくすると山本さんから電話があった。

「在宅での緩和ケアに切り替えましょう。医師と看護師が決まったらまた連絡します」

明と猛は、

「在宅だと、お母さん大変じゃない？」

と心配してくれたが、以前の入院で病院と自宅を行ったり来たりする大変さに辟易していたので、

「半年くらいは大丈夫だから……」

と腹をくくった。何となく自分で勝手に「半年くらい」と思い込んでいた。

二人が帰ることを邦夫に告げると、ベッドに横になっていた邦夫はムクッと起き上がり、スタスタと玄関までやってきた。先ほどまでの弱々しさはどこにもなかった。

「ご苦労様でした」

あっけにとられる二人に礼を言い、ほっとしたようにベッドへ戻っていった。

玄関から出た二人の笑い声が聞こえた。

その日の午後、山本さんが様子を見に来てくれた。私が、邦夫の左の腰骨のあたりが少し赤くなっていると言うと、すぐに見てくれて、

「これ、褥瘡《じょくそう》です！」

「えっ！　こんなにすぐできるんですか？」

「そうです。マットレスを交換してもらいましょう」

その日のうちにマットレスは交換された。


十七日、訪問看護ステーションの看護師さん三名とケアマネの山本さんが来て、今後の方針を話し合った。

その結果、月曜から金曜までの平日朝十時から一時間程度、体のケアをしてくれることになった。看護師さんにマットレスの件を話すと、マットレスを触って、

「これはいいマットレスよ！」

赤かった部分はすぐ治り、それ以降、褥瘡はひとつもできなかった。

そして十一月いっぱいの平日は看護師さんが一人か二人でやって来て、全身の清拭、パジャマ、下着の着替え、下《しも》の世話、髭剃りにマッサージなど丁寧にしてくれ、邦夫はいつも気持ち良さそうに目を瞑っていた。私も大助かりだった。

邦夫はベッドで寝ることが多くなった。気分転換でもさせようと、トイレに行ったあと、

「少しソファで休んでみる？　テレビでも見てみる？」

と声をかけると居間へやってきた。しかし、ソファに座ったものの眉間に皺を寄せ、目を瞑っている。

「ベッドの方が楽？　寝る？」

と聞くと、

「悪いなぁ。そうさせてもらおうか……」

つらいなら、無理しなくていいのに……と、涙が出た。

香奈さん（明のお嫁さん）が孫を連れて、二度程邦夫に会いに来てくれた。邦夫の

顔を心配そうにのぞき込む孫の顔を見て邦夫は嬉しそうだった。香奈さんの気遣いが有難かった。

この頃から邦夫の食欲はどんどんなくなっていった。薬局で、一本で食事一回分の栄養が十分に摂れる飲み物を買ったり、水分も飲み込みにくいということで、とろみをつけて口に運んだりした。

そのうち先生に栄養剤も処方してもらった。

ベッドで寝ていることが多くなったが、亡くなる三日前まで、つらくても自分でトイレに行った。パンツ式の紙オムツを使用していたので、

「そのままでしても大丈夫だから」

いくらそう言ってもヨロヨロと立ち上がり、戻るとベッドに倒れ込んだ。ベッドの下の方で倒れ込んだ時は、両足が床についた状態になったが、すべての力を使い果たしたのか、もう起きる気力はなかった。仕方なく椅子をベッドの脇に置き、そこに足を乗せて布団をかけた。看護師さん達がいとも簡単に体をずらしたり、持ち上げたりしているのを見ていたので私もやってみたが、ビクともしなかった。

「コツがあるんです。腰を痛めますよ」

無理はしないよう言われた。

在宅クリニックの先生は、長男と同じくらいの年齢で、元気で気さくで頼もしかった。

初めに「どうして欲しい？」と聞かれ、

「本人が苦しむことのないよう……に」

と、お願いしていた。今までの薬はもう必要なかった。二週間に一回の診察で、臨終を含め三回だけの往診となった。

十二月に入ると痰がひどくなり、吸引が始まった。午前中だけでは取り切れず、午後も十六時から吸引するようになった。そしてそれは土曜も日曜もなく、毎日となった。

吸引を始めようとスイッチを入れると、ゴーゴーという音がする。みんなこの音に反応し、嫌がるらしいが、認知症の邦夫は、この音を聞いてもニコニコしている。しかし、いざ始めると首を右に左に激しく振るので、私は必死に押さえた。

十二月五日からとうとう起きられなくなり、リハビリパンツに替えた。

十二月六日、在宅クリニックの先生が十三時にいらして、看護師さんの記録に目を通していた。

「夜中、苦しそうにベッドの手摺に手を打ちつけるんです。右に、左に……」

「モルヒネの絆創膏を貼ろう！」

と絆創膏の貼り方と位置を示してくれた。

「明日の十三時に必ず貼り換えてね。いつ亡くなってもおかしくない状態だから、何かあったらすぐ看護師さんに連絡してね」

先生はそう言って帰っていった。

私はこのところ心配でベッドとクローゼットの間の狭い場所に布団を敷いて寝ていた。高校の時の修学旅行、寝台列車の三段ベッドのような狭さだったが、不思議とよく寝られた。何かに包まれているようだった。

その夜も邦夫は、初めはバタバタしていたが、明け方近くになると安らかな寝息をたてていた。モルヒネが効いたんだ……と安心した。

お昼には、モルヒネの絆創膏を貼り換えなくちゃ……と思っていた。

七日の朝六時に起き朝食を済ませ、昨日の夜から出たゴミを捨てに行こうと、スヤスヤ寝ている邦夫に、

「ゴミ捨てに行ってくるね」

と声をかけた。七時十五分くらいだった。

「ただいま……」

ベッドに近づくと何となくおかしい。

「あれっ？　息をしていない？」

鼻と口に手をやったが何も感じない。

急いで看護ステーションに電話をし、明、猛、元住吉の幸っちゃんにも連絡をした。

看護師さんが見え、邦夫の様子を確認すると先生に電話をかけた。

八時三十三分、臨終の際には明と香奈さん、幸っちゃんが立ち会ってくれた。

静かで穏やかな最期だった。

在宅での緩和ケアが始まって三週間、本当にあっけないほど、あっという間に逝ってしまった。

最後まで手のかからない人だった。

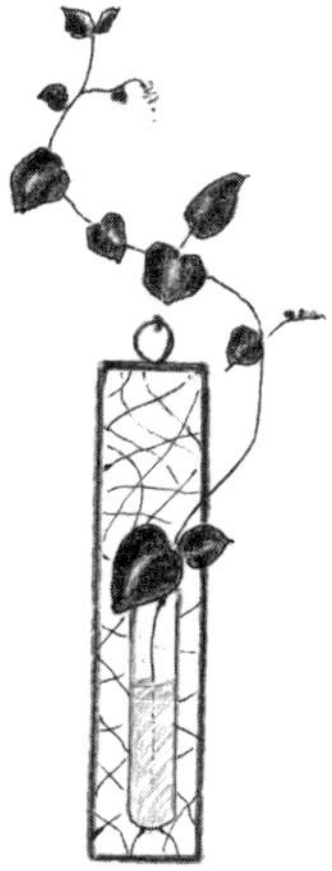

ワインレッドの心

人が亡くなると、残された人はたちまち忙しくなる。泣くこと、考えることをさせないためにちょうどいいのだろうか。

先生は死亡診断書を書いて帰っていった。明は取り敢えず出勤、と言って仕事に向かった。看護師さんにエンゼルケアを頼み、母の時にもお世話になった葬儀社に電話をした。看護師さんが帰ると同時に猛と山本さんがやって来て、香奈さんは帰っていった。

十一時、葬儀社の人がドライアイスを邦夫の周りに置き、冷房を十八度に設定していった。

十三時から葬儀社の担当者と葬儀の打ち合わせをし、十四日に北部斎場を押さえることができ、ひと安心した。

翌日、ドライアイスの下の三枚のバスタオルはビショビショになっていた。冬とはいえ毎日家でドライアイスを交換するのは無理……と、元住吉のお義姉さんの時に経験していたエンバーミング（遺体衛生保全）をお願いすることにした。

九日、ストレッチャーで下に降ろす日になった。万が一、近所の人と鉢合わせしたら驚くだろうと、自分と同じ階段を使う方々に邦夫の死を知らせた。

朝十時、明と二人で邦夫を見送った。

やけに家が静かになり、明が帰ると更に寂しくなった。ひとりぼっちになったんだ……と急に心細くなった。

「お父さ～ん！　お父さ～ん！」

声に出して泣いた。

エンバーミングを完了したあとは、十日の夜から十三日の夕方まで葬儀社所有のメモリアルホールで預かってもらった。

十二日十五時半から三十分間、邦夫に面会に行った。友人が付き合ってくれた。

邦夫はきれいな顔をして眠っていた。

十三日の夕方、北部斎場に安置された邦夫に、孫達と会いに行った。孫達にとって、これが邦夫との最後の別れとなった。十四日は平日で、孫には普段通り学校に行ってもらった。

告別式の日は朝から冷たい雨が降っていた。

姉夫婦と甥・姪の五人、妹夫婦、明夫婦と猛、幸っちゃん、そして私という、大人ばかり十二人だけの静かな音楽葬が始まった。

お坊さんは呼ばず、バイオリン、チェロ、フルートの生演奏がお経の代わりだった。クラシックのほかに、邦夫が大好きだった安全地帯の「ワインレッドの心」、カラオケでよく歌っていた香西かおりの「無言坂」の二曲を加えてもらった。

初めに「ワインレッドの心」が流れ、式が始まると涙が止めどなく溢れ出した。邦夫と過ごした日々は平凡だったが、穏やかだった。最後まで家に居られ、私の顔を忘れないでいてくれたのが何よりだった。あの時病院に行っていたら、と思うと、強く拒んでくれたことが有難いとさえ思った。

心地よい音楽の中でお焼香と、喪主である私の挨拶が終わり、出棺の準備のため控

室にみんなで戻った。猛が、

「お母さん、ティッシュある？　マスクの中、涙でグチョグチョ……」

みんな泣いていた。

葬儀は花でいっぱいにしてもらい、名札はいっさい付けなかった。照明の中で花が輝いていた。厳かな、いい葬儀だった。

その花がすべて邦夫の棺に納められ、火葬場へ向かうため歩き出した時、再び生演奏が響いた。

この日、三度目の「ワインレッドの心」だった。

あとがき

父が亡くなってから、三姉妹しかいない我が家で、横須賀の市営墓地の墓を継ぐのは誰か、という話になった。もう二十年も前のことだ。

誰が入ってもいいように、と墓石には「和」という文字を刻んでいた。しかし姉は千葉、妹は埼玉に住んでおり、結局神奈川県内に住む次女の私が継ぐことになり、邦夫も賛同してくれた。

母の生存中は何かと実家に集まる機会も多く、毎年、お正月の一月二日には姉や私の家族が集い、賑やかに過ごした。母にとっての孫や、ひ孫の成長も楽しみの一つだった。

母が亡くなって翌年の一周忌は実家で行った。今までお世話になっていたお坊さんには実家を処分する旨を伝えていた。仏壇の魂抜き、家の中や庭、隅々のお祓いをしてくださり、お焚き上げのための遺品の持ち帰りも、快く引き受けてくださった。

その日から、我が家で新調した仏壇の中で父と母の位牌をお守りし、父母が並んで笑っている写真も飾った。

墓参りは横横バイパスを利用すれば四十分程度、余裕で行けると思っていた。だが、邦夫が亡くなって、私も七十四歳となり、車の運転をいつまで続けるのか考えるようになった。電車では二時間半近くかかるのだ。

そんな時我が家から徒歩五分の場所に新しく霊園ができ、思い切ってそこに墓を求めることに決めた。二〇二二年三月十四日に横須賀の市営墓地の改葬を行い、取り出した遺骨は我が家で邦夫の横に並べ毎朝拝んだ。

邦夫の死から四か月後にようやく墓が建ち、四月十五日に三体の納骨を済ませた。

十一月の末には邦夫の一周忌も行った。


二〇二三年六月は父の二十三回忌だった。三姉妹で墓参りをし、我が家に泊まってアルバムをめくっては懐かしい思い出に花を咲かせた。

十二月には邦夫の三回忌と、母の七回忌も控えている。

三姉妹仲良く過ごして欲しい、という母の言いつけを守りながら、私達もこんな年齢になったのだ、と昔を振り返ることの多い日々を過ごしている。

この自伝を書籍にすることになってから、文芸社の方からアドバイスを受け、子供の頃の記憶も単なるうろ覚えではなく、正確に記すことを学んだ。

横浜駅西口の変遷や、神社の神輿のこと、みなと祭りのことなどを調べるため野毛にある横浜市中央図書館に三度も通った。

その都度、図書館の方たちが私の問いに対し、少しも面倒がらず資料室からそれらしき本を探し出してくださったこと、心よりお礼申し上げます。

著者プロフィール

小島 ひろ子（こじま ひろこ）

昭和22年12月28日、神奈川県横須賀市生まれ
昭和26年、横浜市に転居
昭和41年3月、横浜市内の公立高校卒業
昭和41年4月～昭和45年4月、電機会社勤務
昭和45年10月、小島邦夫と結婚
昭和47年1月、長男誕生
昭和52年10月、次男誕生

思い出は横浜駅西口から

2024年3月15日　初版第1刷発行

著　者　小島 ひろ子
発行者　瓜谷 綱延
発行所　株式会社文芸社
〒160-0022 東京都新宿区新宿1－10－1
電話 03-5369-3060（代表）
03-5369-2299（販売）

印刷所　図書印刷株式会社

©KOJIMA Hiroko 2024 Printed in Japan
乱丁本・落丁本はお手数ですが小社販売部宛にお送りください。
送料小社負担にてお取り替えいたします。
本書の一部、あるいは全部を無断で複写・複製・転載・放映、データ配信することは、法律で認められた場合を除き、著作権の侵害となります。

ISBN978-4-286-25119-6　JASRAC 出 2308081－301